U0529241

云南大学民族学一流学科建设经费资助

教育部人文社会科学重点研究基地
云南大学西南边疆少数民族研究中心文库

滇池流域田野丛书

滇池纪事

钱凤娟 著

中国社会科学出版社

图书在版编目（CIP）数据

滇池纪事 / 钱凤娟著. —北京：中国社会科学出版社，2021.12
（教育部人文社会科学重点研究基地云南大学西南边疆少数民族研究中心文库·滇池流域田野丛书）
ISBN 978 - 7 - 5203 - 9130 - 6

Ⅰ.①滇… Ⅱ.①钱… Ⅲ.①滇池—湖泊志 Ⅳ.①K928.43

中国版本图书馆 CIP 数据核字（2021）第 187169 号

出 版 人	赵剑英
责任编辑	刘亚楠
责任校对	刘成聪
责任印制	张雪娇

出　　版	中国社会科学出版社
社　　址	北京鼓楼西大街甲 158 号
邮　　编	100720
网　　址	http://www.csspw.cn
发 行 部	010 - 84083685
门 市 部	010 - 84029450
经　　销	新华书店及其他书店

印刷装订	北京君升印刷有限公司
版　　次	2021 年 12 月第 1 版
印　　次	2021 年 12 月第 1 次印刷

开　　本	710×1000　1/16
印　　张	15.5
插　　页	2
字　　数	222 千字
定　　价	98.00 元

凡购买中国社会科学出版社图书，如有质量问题请与本社营销中心联系调换
电话：010 - 84083683
版权所有　侵权必究

总序一 文化踪迹的田野探寻

滇池为中国西南第一大湖泊，也是中国第六大淡水湖。滇池流域位于滇中断陷湖盆高原的北部，四周群山环抱，中间一马平川，河流纵横交织。其地质形态犹如一艘巨型船只，由东南面属珠江水系的南盘江、西南面属红河水系的元江和北面属长江水系的金沙江三江的分水岭高高托起。盆地外围的大青山、西山、棋盘山、玉案山、蛇山、梁王山、昆阳与玉溪的界山等恰似船舷，北部上翘，南部略低，滇池处于盆地最低处。滇池流域属特殊的高原型亚热带西部季风气候，春季温暖，干燥少雨；夏无酷暑，雨量集中；秋季温凉，雨水减少；冬无严寒，日照充足。

滇池流域相对平坦的土地、温湿的气候、深广的湖泊、纵横交织的河流、丰富的生物资源，为人的生存和开发提供了良好的条件。早在3万多年前开发的序幕就已拉开，呈贡龙潭山旧石器时代文化遗址和滇池东岸小山和平地上发掘的一系列新石器时代贝丘遗址证明，滇池流域为亚洲栽培稻的起源地之一。公元前278年，楚国遣将军庄蹻率军顺长江而上，最后到达滇池地区，在其准备返回楚国时，巫郡、黔中郡等已被秦国占领，不得不滞留滇池流域自称"滇王"，建立"滇国"，带来了楚地的生产技术和文化，加快了经济开发和社会发展的进程。公元前109年，汉武帝出兵征讨滇国，滇王尝羌拱手降汉，汉"赐滇王印，复长其民"（《史记·西南夷传》），同时在此设置益州郡，将其纳入中央王朝的版图，并启动了持续两千年的"移民实边"，《史记·平准书》生动呈现了其时的盛况："当是时汉通西南夷道，作者数万人，千里负提馈粮，

滇池纪事

率十余钟致一石，散币于邛僰以集之。数岁道不通，蛮夷因以数攻吏，发兵诛之。悉巴蜀租赋不足以更之。乃募豪民田南夷，入粟县官而内受钱于都内。"唐朝时期，南诏王阁罗凤为了加强对滇东曲靖和滇南步头等部族的控制命其长子凤伽异在公元763年在滇池流域修筑"东京"拓东城（鄯阐城），开启了滇池流域的城镇化。公元1274年，元建云南行省，在滇池流域修筑鸭赤城（今昆明市）为行省首府，从此成为云南省的政治、经济、文化中心，人口规模迅速增长，经济开发不断加快，而今已发展为国家级的历史文化名城。

滇池流域演绎了无数惊天动地的历史事件，也孕育出波澜不惊的地域文化。重大历史事件不仅有繁多的文献记载、专家论著阐发，而且还有博物馆、纪念馆的陈列和文学、影视作品的演绎，使之得以广泛传播、知晓者众。民间文化则因细碎寻常而远离主流社会焦点，鲜有文人墨客记述和学者专家探究，生活其中者浑然不知其来龙去脉和意义所在，处于悄无声息的自生自灭状态。20世纪90年代以来，迅速扩张的城市犹如肚量无比的怪兽张开血盆大口吞噬着一块块农田和一个个农村，来势凶猛的全球化恰似动力巨大的压路机开足马力碾压着传统习俗和地方文化。地域文化的脉络在断裂，历史记忆的痕迹在湮灭，有识之士的内心在流血！

在有识之士群体中，钱凤娟老师颇具实践精神。她没有振臂高呼，没有舆论炒作，没有项目资助，也没有合作团队，凭一己之力用近二十年的时间调查研究滇池流域，以田野考察的方法追寻渐行渐远的历史背影，以清新灵动的笔墨记述转瞬即逝的文化记忆，以细密严谨的思维勾沉依稀莫辨的地方文脉，最终形成洋洋洒洒60余万字的《滇池流域田野丛书》（共4册）。

《滇池流域田野丛书》带给我诸多感佩和感想，粗略梳理如下：

首先，以滇池流域的日常生活常识为研究选题。翻开四本书，从目录便知其内容为滇池流域的山川风物、传说故事和日常生活，对于昆明人来说，或身处其中，或耳熟能详，用人类学的概念表述，这就是昆明人的"地方性知识"或"常识"。这些"常识"对于生于斯长于斯的人们实在是显而易见、习以为常，然多数人"知其然而不知其所以然"，说不清、道不明。若无人对其进行阐释而任其处于"文化无意识"之中，则文化持有者无从形成"文化自觉"，结果往往自生自灭。为此，常识的研究具有不容忽视的重要地位，美国人类学家赫兹菲尔德（Michael Herzfeld）在其《人类学：社会和文化领域的理论实践》一书中开宗明义的第一句话就说："社会人类学和文化人类学是'对常识进行研究'的科学。"①该丛书关于滇池流域的日常生活常识的阐释，对于昆明的文化自觉意识的唤醒和传统的传承保护无疑具有非常重要的价值。

其次，以亲证文化的田野调查为基本方法。这套丛书对于滇池流域文化的研究，没有采用纯粹书斋里的文献查证和思想推导方法，而是进入文化现场的田野调查。二十年间，钱老师不顾体弱多病，带着笔记本、相机孤身一人深入昆明郊区农村，探寻历史遗迹和地域文化，参与观察村民的日常生活，采访民间故事和知情人及其后代，赋予昆明人司空见惯的身边寻常山川和事项以生动的故事、鲜活的人物和丰富的内涵，开显出滇池流域的文化底蕴和演变脉络，让人顿然领悟与豁然开朗。

最后，运用历史文献印证增强学术性和可信度。作者没有满足于对田野调查所见所闻所感的"浅描"，而是发挥早年就读于北京大学历史系所获得的阅读与运用历史文献的优势，将通过调查获得的资料与历史文献资料进行了细致严谨的比对与印证，体现出作者的专业功力和严谨学风，增强了丛书的学术性和可信度，尽管没有使用抽象玄奥的概念和理论，但并未失去其学术含量，仍然是具有价值和信度的研究成果，而且体现出的是值得倡导的朴素学风。

是以为序。

何　明

2019年8月5日于昆明东郊白沙河畔寓所

---

① 麦克尔·赫兹菲尔德：《什么是人类常识——社会和文化领域的理论实践》，华夏出版社2005年版，第1页。

总序二：漫游者的乡土民俗志

在这个流动频繁的世界，要说清楚自己的家乡是什么，越来越不容易了。

我的籍贯是广东顺德，可是回到老家，见故土却感陌生，闻乡音就像听外语，甚至闹出去顺德邓氏宗祠寻根还要请个翻译的笑话。我实际生在昆明，长大更是在云南满山跑，从胃口到肤色，以及那些一勾就起的记忆，至今还都是云南的。所以，读着钱凤娟老师关于昆明20年田野考察的文字，就像重回老家，让我差不多嗅到了熟悉的泥味、醅味，盘龙江、金汁河及滇池的水腥味。

我嗅到的泥味是窑泥的味道。钱老师写窑泥，写得夯实，顺带为正史失录的窑匠立了个传。她从松花坝的窑匠范姓两兄弟谈起，追溯他们的祖先江南移民至滇的历史。这些从江南漫游到云南的窑匠，在和泥土打交道的过程中，被高原的太阳晒成陶土的颜色，渐渐"本土"化了。只有在说起"祖上"的时候，才知道他们和云南的许多民族一样，都会把老家指述到遥远的地方。这些故事，被同样来自远方的作者记录下来时，延续的竟是乡土味十足的云南记忆。像写民俗志一样，钱老师详细实录了黑窑和龙窑的烧窑手艺：选土、挖泥、踩泥、制坯，如何寻泥，如何用水，都有很多讲究；晾晒、破瓦、装窑、烧窑、做顶、封窑，如何控制湿度，如何掌握火候，事关成败；最后开窑、出货、销售，也说得头头是道。再由窑匠的生活史延伸到家族兴衰，延伸到窑业行会，延伸到官府铸币的陶范，从窑事述及世事，在一块窑泥里看到乡土社会与

1

国家权力、与文化传统的结构性关系，具有人类学民俗学叙事的特点。

作为已经游离云南的读者，嗅着钱老师文字散发的泥味，在云南玩泥巴的记忆，不知不觉就被勾了出来。昆明窑泥多，小时候最喜欢玩的泥巴就是窑泥，得一块，在地上掼实，做一杆盒子炮（驳壳枪），晾干，拿墨涂黑，是小男孩最得意的作品。为了这支盒子炮，有一次放学不回家，和小伙伴在篆塘一处做砖瓦的地方偷泥，被美术老师抓到，收缴了我们的窑泥，还举着泥手在学校操场罚站了半个小时。不过，我们和老师由此成为"泥友"。他其实比我们大不了多少，没事就邀请我们去他宿舍当泥塑模特。在乱糟糟的单身宿舍，我们看到用湿布包着的大块窑泥。我们偷泥被抓获的时候，一直想不通怎么会在那种地方撞到老师。看到这堆泥，恍然大悟——想必是老师偷泥时遇到同道（盗），怕小孩子嘴碎，索性以正义之"师"的名义把我们抓了，押着我们把赃物抱到学校，然后收缴。既得窑泥，又免动手，一举两得。想当年，他一定在后面窃笑。

后来我当知青到了中缅边境的傣族村寨，发现窑泥做的弹丸是傣族帅哥兜里的必备之物。他们手持一柄竹弓，抓把弹丸在手，有大鸟飞过，竟可追着翅膀"呼呼"连发。我们学不来，常把弹丸打在握弓的手指上，疼得乱跳。绝望之下，把原想做弹丸的泥丸摔到地上，扁了，意外发现它很像围棋子。于是弃武从文，拿泥丸制作了一副围棋，用墨和石灰分别涂了，学雅士对弈。一局下来，执黑的爪黑，执白的爪白。剩余的窑泥捏泥人玩，差点像抓我们的老师一样弄成雕塑家。谈恋爱时，我用窑泥塑了一个贝多芬头像，放在她的钢琴上。为了让泥巴和钢琴更配，还做出石雕琢痕，涂白了，仿汉白玉。40年间，我们搬了很多次家，房子和家具不断更新换代，那老贝的头像，实咄咄一块窑泥，却一直随着我们游荡。

顺着松花坝就读到了松花箐，让我忍不住咽了一下口水的，是豆焖饭和韭菜花的味道。昆明郊区，小春作物喜种蚕豆和油菜。开春时节，蚕豆的墨绿和油菜花的明黄，互相提色，把春城的春天弄得很养眼。到青蚕豆上市，就是养胃了。把米饭煮到七成熟，加入油盐焐过的腊肉、青蚕豆和少许花椒叶，拌匀，倒入木甑蒸熟，色香味俱全。钱老师详述了豆焖饭的制作，还讲了康熙年间，云南贵州总督范承勋吃了农夫豆焖饭，赠送10亩田的故事。民间传说津津乐道的，是清官的亲民；我嗅到的，是那碗可以换10亩地的豆焖饭的味道。那豆焖饭，配油卤腐、韭菜花和茄子酢，甚为爽口；如果到七八月，还可以配鸡㙡、干巴菌、牛肝菌、青头菌等等山珍，那是皇帝、总督都不一定吃得到的美味。在广州，我讲饮食民俗，如果是研究生上课，人少，就会带一点云南特产去，边上课边解馋，让学生有点实感，教学效果特好。有一次在市里的讲座，人多，我末了说一句："俗话说'吃在广州，味在顺德'，这是没吃过好东西的人说的。"全场哗然，广东人纷纷列数广味的好。我这时亮出籍贯是正宗广东顺德的挡箭牌，说："你们说的那些我都吃过，我吃过的你们不一定吃过。等你们吃过你们没有吃过的东西，就不会跟我争了。"然后随便点出几道云南菜，让那些没去过云南的"吃货"干着急。这一招，让我占尽了漫游者的便宜。写到这儿的时候，正巧要去"山姆"超市买东西，在那里意外看到有青蚕豆。买了一大盒，照钱老师书上的菜谱，整了一锅豆焖饭，打开一袋姐姐特寄的韭菜花，立马从吃一碗恢复到连吃四五碗不歇气的水平。此处还要加一个注：本餐饭量大增的夫人本是重庆崽，当知青到了云南，二十多年过去，竟舍了麻辣，战无不胜的川味败给云南的乡土滇味。

还是回到蚕豆地吧。在蚕豆地间悄悄穿行的，是纵横交错的河渠。小时候，我家住在昆明一个叫"临江里"的地方，出门就是有高高石堤的盘龙江。说是江，其实就是一条小河。河里常有光溜溜、黑黝黝的顽童戏水。后来搬家到了小虹山，在龙翔街凤翥街下面的小学读书，最喜欢去看凤翥街马店的马大哥钉马掌，挖篆塘砖瓦厂的窑泥，或是跟着麻园村的同学到田里玩。有一次放学，同学突然跳进路边的水沟，上来时手里已经多了一条巴掌大的鱼。至今还记得那沟里的水很清，我只看见随流摇曳的水草，这位同学却能窥知躲在水草里的鱼。对这功夫，我羡慕得要死。同学经常带我去"捯（音爪）老鲤蹚"（游泳），我们最爱流窜到蚕豆地遮掩的河渠。对于顽童来说，河渠和蚕豆地配搭的好处是，

3

一是有种躲在青纱帐里的神秘感，二是爬上岸后，可以就近蹿进地里偷嚼新鲜的青蚕豆。吃到满嘴绿，然后拍着屁股唱歌回家：

> 排着队
> 唱着歌
> 旅行八大河
> 有点饭
> 有点菜
> 还拎着个烂土锅
> 穿过小河
> 爬过小山
> 见到一条水老索（水蛇）
> 嚇呢（吓得）掼（摔）下河
> 哎哟我的脚！
> 旅行划不着！

昆明近郊金汁河河埂（1970年代笔者摄）

钱老师看这些小河和沟渠，就没有那么淘气。她让昔日的本土顽童知道，这些贯穿昆明坝子的河流和堰塘，供养着整个昆明城。盘龙江的源头在松花坝，昆明人的用水全靠它，老百姓称其为"皇闸"，由水性极好的专人管闸巡水。在松花坝到滇池的广大田坝潜行的盘龙江、金汁河、银汁河、宝象河、马料河、海源河（称为"省坝六河"，儿歌里的"八大河"不知从何而来）和沟渠间，又有无数的涵洞水闸。多年来，钱老师走访了守护"皇闸"近700年的老村，查询乡人"戎水"的往事。古时候，为了解决农田垦殖、水利培护、用水争讼和水灾问题，官府曾修筑了360个灌溉涵洞，并设360匹快马专职督察。那些为昆明水利做过特殊贡献的人，被农民塑成菩萨，和龙王、闸神、谷神、虫王一起供奉。这些属于社会结构、民俗文化层面的东西，在顽童的记忆里没留一丝痕迹。可见即使是本乡本土的人，虽然"空间"在场，但时间（年龄）错位，关注点不一致，"本文化"许多内在的东西也不可能"持有"。

这些河流最后都汇入滇池。在蚕豆地的边际，可以嗅到滇池水的腥味。最初读钱老师的书，就是《滇池纪事》。那年春节回昆明看望家人和师友，被高发元教授邀去滇池边一个小村过年。空气中，豆焖饭和茄子醡的香味混合了一些滇池水的腥味。那是"海油子"（蓝藻）的腥气。水边钓鱼的老倌儿，见我问滇池水质，开口就骂那个在"文化大革命"中下令填掉滇池草海（湿地）的谭不（甫）仁"背秋时（作孽），老鸹啄（音zhua，去声，意为"该死"）的"。戴阴丹蓝头帕的老奶奶们不关心政治，一边在广场上崴花灯，一边用浓重的官渡口音唱小曲，"醡味"盖过了"海油子"味。在这种心境里读钱老师的《滇池纪事》手稿，看她写的滇池畔渔村，在淡淡的腥味和醡味间，莫名其妙，发现有一股略带异乡味的东西藏在字里行间。我一直不明白这样的混杂缘由何在。

一转眼，十五年就过去了，钱老师还在滇池边的乡村跑。她写的那些叫"弯柳儿"的渔家，那些在水边讨生活的"弯柳儿人"，一个个具体鲜活。比如诨名"大鱼老鸹（音wa，去声）"、潜水捉鱼功夫了得的水鬼张彩，善养水老鸹（即鸬鹚、鱼鹰）抓鱼的"老鸹将军"张珍等等，皆是有故事有温度的民俗志记述。"老鸹将军"讲水老鸹，像讲自己的娃（小鬼）："挑选老鸹，像小鬼讨媳妇，要生得好，不要烂眉日眼。性格上，越凶越鬼越好，憨包不要，香瓜形身材不要。"这些都是经过多少次访谈和参与观察得到的民间讲述，编不出来的。她写"弯柳儿人"如何靠海吃海，一季季拿鱼；如何在芦苇荡里做沙蛋石鱼摊，架起大罾搬鱼；如何挖沙采石，从西山用大船运沙石进城盖房子；如何"渡游"，把渔船变成游客的渡船和游船。说起"渡游"，这该是半个多世纪前"弯柳儿人"就开拓的旅游产业了。小时候我们常常"渡游"，从小西门外的篆塘坐船到大观楼公园游玩，安逸闲适；如果想去西山龙门森林公园，也可以坐船，经过草海鸭窝坑，望着睡美人山行舟，不知不觉便直达龙门下的渔村或西山附近的高峣。遇到做会或赶街，游山玩水后捎带回山货水产，全家老小皆大欢喜。

说起"弯柳儿"，突然让我想起了一些什么，觉得好耳熟。记得小时候听到的发音似乎是"弯 li-e（哩儿）"。"li-e（哩儿）"要连读，就像昆明的许多方言一样，电脑上打不出对应的字。说"弯 li-e"的时候，好像是在说和滇池相关的某个地方，或漫游在平坝和湖水之间的某些人。他/她们和山里来的"鸡冠族"（小时候的叫法，其实是彝族撒梅人）不一样。"鸡冠族"用竹箩背来的是鸡嗉子果、火把果、鸡枞、干巴菌、牛肝菌等山珍，"弯 li-e"背来的是海菜、野鸭、黄鳝、小虾等海味。有一种叫"乌饭"的大鱼，滑而且黑，有老虎一样的斑纹，老人说可以治小儿疳积；鲤鱼煮红豆，则是哮喘单方，我姐就是这样治好的。当然，最让我们这些小孩儿垂涎的是螺蛳，放很多佐料，拌了，生吃，脆生生的，并不腥。不过这都是记忆的回味了。滇池现在的水质，只有憨鸭子还敢生吃螺蛳。

小时候只剩吃的印象了，顺带记住了"弯 li-e"的发音。今看到钱老师的调查，才知道"弯 li-e"指的是占住湖边小土堆，一船，一茅草房，吃睡都在船上的人，甚至因一辈子生活在水上，葬身无地，就叫

"弯li-e"。这本是蔑称或自嘲，和过去广东人称呼"水上人家"或"疍民"的说法类似，都是对居无定所的漫游者的刻板印象。这种刻板印象浓缩为一个词——"弯li-e"。对异乡人说"弯li-e"，他们只会听到一个奇怪的发音。对我们这些"老昆明"来说，"弯li-e"，就会伴随着一些视觉感和味觉感很强的记忆碎片。

我突然领悟，那股藏在字里行间的异乡味是什么了。比如"弯柳儿"，是钱老师对昆明土话"弯li-e"有些雅驯的记音，这个记音暴露了钱老师异乡人和读书人的来路。

钱老师生于江苏，小时候，在太湖平原钓鱼摸虾、掘田螺、搓泥丸、采桑葚、挑荠菜。半个世纪后，游走云南滇池坝子，听人摆古，看水老鸹捉鱼、窑匠做砖瓦、阿拉村"搬家人"开茶馆开马店，和童年记忆若即若离，在似与不似之间。"我似乎回到童年，重温久违的童真童趣，这令我的创作充满快乐与满足。"她不是云南人，却写出这样浓重云南乡土味的文字，让人不由心生感佩。时空转换了，心态没变。那无意间透露出来的江浙口音，让我看到一个漫游者的融入与出脱。这是来往于山地和湖水之间的"弯li-e"无意间都会露出来的东西。倒是我们这些从小生活在这里的人，习以为常到视而不见，反而没有了外来者看人看事的新鲜感和敏锐。等读到这些文字，恍然想起许多熟人熟事，是啊，就是这样的！

我本是做人类学的，习惯了到"异乡""他者"中去看去记录。如今我们的家乡和生活成为别人笔下的乡土民俗志，"我们"无形中也成为被观看的"他者"。看一个外来漫游者书写我们的家乡和曾有的生活，这种感觉很奇妙。想起我的高山族（平浦）朋友孙大川议论日本著名人类学家鸟居龙藏的话，深有同感中觉得有些穿越：

> 对于像我们这样没有文字来记录自己历史的族群来说，家族的记忆和早期人类学者的研究，乃是我们自我认识或捕捉祖先面貌的狭窄管道。通过他们，我们多少可以拼凑出自己简陋的族群历史。

这便是我们对人类学者产生的第一种情感。记得多年以前，我曾尝试和母亲、舅父以及邻村多位长老，逐一查对日据时代日本人类学者的旧照片与研究报告，从他们搜索、惊讶的眼神中，我发现他们的记忆在联结。那些点点滴滴的记忆串连，逐渐构成一种具有稳定、"知识"意味的历史网络。"图片"和"文字"的见证使他们的"闻见"和模糊的"记忆"，转而成为一种"历史知识"的建构。我得承认，我和老人家们一样，有一段时间，对人类学者们投射过来的历史光明欣喜莫名，彷佛在刹那间掌握到了自己绵延无尽的民族生命。①

我们虽然不是无文字民族，族群的历史貌似不那么"简陋"，但说老实话，如果没有谢剑关于撒梅人的民族志叙事，②没有钱凤娟类似"弯柳儿"人的民俗志记述，我们这些从小生活在昆明的"局内人"，关于乡土的记忆其实是十分零碎的；关于老昆明"历史知识"的建构，也很不完整。经由他／她们的叙述，那些几乎遗忘的东西，不知不觉间被唤醒了。我发现，这样的书写和阅读，有双重视角。一重是局外人的，即人类学家民俗学家看到的"田野"；一重是局内人的，即我们通过外部学者的田野报告看到的自己的乡土。学者在进入他者世界的过程中，试图在表象后面看到社会生活结构性的现实。在这个过程中，"那些点点滴滴的记忆串连，逐渐构成一种具有稳定、'知识'意味的历史网络。"

是的，在好的民族志或民俗志里，我们不仅看到生动的生活细节，也看到表象及其内在的现实结构，看到被记忆串连起来的历史网络。一个人、一群人或一个民族的历史，只有在局外人和局内人"内外交织"视角的多重建构中，才能"拼凑"出一个大致的脉络。

---

① 孙大川：《面对人类学家的心情——"鸟居龙藏特展"罪言》，见顺益台湾原住民博物馆编《跨越世纪的影像——鸟居龙藏眼中的台湾原住民》。台北：顺益台湾原住民博物馆印，1994年，第53—55页。

② 谢剑：《昆明东郊的撒梅族》。香港：香港中文大学出版社1987年版。

当然，这种"互视"，是在一种互为对象的动态情境中进行的。所谓互为对象，即人类学家费孝通说的"我看人看我"：我看人，人看我，我看人怎么看我，等等。写昆明乡土民俗的钱老师，来自江苏；在昆明乡土民俗中长大的我，跑"回"了老家广东，在那个陌生的故乡，读熟悉的"他乡"。所谓动态情境，或者可以称为漫游者的未曾固化的观看。作者，读者，都在漫游状态，不知今夕何夕，难分故乡他乡。

就像钱老师描写的"弯柳儿"，我们，其实也是某种程度的"弯柳儿"，是"他人"观看和表述的"我们"。我们有谁，说得清自己生活得最久的地方，是故乡，还是他乡？我们有谁，能够说自己的祖先和族群的历史，不是在一些漂浮无定的记忆碎片的联结中，拼合或建构起来的？

说到底，每个人来到这个世上，都是一个漫游者。每部民俗志或历史的书写，何尝不是漫游者在他乡的游历之河，随机随缘打捞出来的、印着自己心影的他者记忆？

邓启耀

2018 年 6 月于中山大学

总序三：新叙述史的践行者

　　人类发展的历史是丰富多彩、复杂多样的，但人们未必能够全面的再现这样的历史面貌，就以昆明为中心的滇池区域而言，诸多的历史学家也没有能够再现这个区域丰富而悠久的历史。先说司马迁，他在《史记·西南夷列传》中曾经对滇池区域有过记述："西南夷君长以什数，……滇最大；……此皆魋结，耕田，有邑聚。"① 这段文字仅有两个信息：一是滇国最大，二是滇池地区的民族是定居的农耕民族，司马迁关于滇池地区的记述与人们后来在滇池周边发现的数量众多的古滇国文化遗物相比较，差别是很大的。

　　魏晋南北朝时期，晋人常璩写的《华阳国志·南中志·晋宁郡》中的记述与司马迁相比较，关于滇池区域的记述有了变化："滇池县，郡治。故滇国也。有泽水，周回二百里，所深广，下流浅狭，如倒流，故曰滇池。长老传言，池中有神马，获交焉，即生骏驹，俗称之曰'滇池驹'，日行五百里。"② 与司马迁的记述相比较虽然具体了一些，但仍然不得其详，因为我们没有看到作为历史的主体——人。

　　唐代，在樊绰写的《云南志》晋宁州条中说："晋宁州，汉滇池（县）故地也。在拓东城南八十里晋平川，幅员数百里，西爨王墓，累

---

① 《史记·西南夷列传》，中华书局标点本1982年版，第2991页。
② 常璩撰，刘琳校注：《华阳国志·南中志》，巴蜀书社1984年版，第396页。

累相望。"① 这样的记述我们也仍然不能从中看到滇池区域社会历史发展的概貌。

元代虽然有《云南志略》这样的地方志出现，但令人遗憾的是《云南志略》居然没有关于滇池区域的记述。明代云南的地方志中对于滇池区域的历史记述也不令人乐观，例如景泰《云南图经志书》中的"晋宁州"条中对于当地民族文化的记述仅有八个字："诸夷寡识，逢七为街。"② 按理说清代的地方志关于滇池区域的记述应该是丰富的，但从道光《云南志钞》的记述来看也不理想，例如晋宁州条说："（晋宁州）汉滇池县，为益州郡治，隋置昆州，寻废。唐初复置，后入蒙氏，为阳城堡。段氏因之。元初，置阳城堡万户府，至元十二年改州，属中庆路。明属云南府，今因之。负山带河，肥腴沃壤，城西五里有金沙草湖，即滇池，濒水中有石一路，为滇池分界。"③ 道光《云南志钞》的记述虽然看起来不少，但是除了追述地区的政区沿革之外，没有多少实际内容，特别是没有鲜活的关于人的社会生活史。

总的来说，在古代中国汉文文献中对于滇池区域丰富多彩、复杂多样的历史过程和区域内鲜活的人的社会生活史是被忽略的，因此我们对这个区域的历史认识是片面的，甚至是粗浅的，这需要我们去丰富、去完善，甚至是去填补诸多的空白。那么，钱凤娟女士多年来的研究恰好就在做这样的工作，就在尽自己的所能，尽可能地丰富、完善、填补着被忽略的滇池区域的社会生活史。

钱凤娟女士在其系列作品《滇池纪事》（2004 年）、《消失的阡陌》（2007 年）、《识记撒梅》（2013 年）、《逝去的海弯柳 马帮》（2019 年）中，以历史的眼光，现实的情怀，深入地研究了对滇池区域一般学

---

① 木芹：《云南志校注》，云南人民出版社 1995 年版，第 80 页。
② 景泰《云南图经志书》，方国瑜主编：《云南史料丛刊》第 6 卷，云南大学出版社 2000 年版，第 25 页。
③ 道光《云南志钞》，方国瑜主编：《云南史料丛刊》第 11 卷，云南大学出版社 2000 年版，第 401 页。

院派学者很少关注的诸多问题，令人感动。

钱凤娟女士，江苏无锡人，早年毕业于北京大学历史系，先后进黔、入滇担任公务员，从事着繁忙的行政管理工作。与此同时，钱凤娟女士在工作之余，喜好游历，痴迷于昆明的山山水水、历史文化，迷恋于赋予这方土地以人文气息的社会大众，近二十年来围绕滇池区域的人和历史、村寨民俗，将西山脚下、滇池坝子的人情风物、名胜古迹，流注笔端，便成了《滇池纪事》《消失的阡陌》《识记撒梅》《逝去的海弯柳马帮》四本有趣有识有深厚底蕴的关于昆明历史与文化的系列作品。该系列作品凝聚了钱凤娟女士的绝大心力，期间的艰辛令人动容，在《识记撒梅·后记》中，钱女士感慨道："田野考察，至为艰辛，时遇冷湿饥寒，加之写作久坐，极易染病。做完《消失的阡陌》，我已然劳损成疾。"在这样的境况下，她并未就此停息，而是马不停蹄地给我们推出了《识记撒梅》和《逝去的海弯柳 马帮》，她的坚韧与执着令人感佩，我们唯有细读慢品，方能真正懂得昆明，同时也向钱凤娟女士致敬。

在一定意义上说，钱凤娟女士的系列作品是为昆明立传，是昆明文化内涵的"名片"。四部作品各有主题，但都围绕昆明而作，或考诸文献，或奔波于田野，依凭扎实的文献与口述资料，条分缕析，在饶有趣味的氛围中为我们展示了昆明的古今变迁：《滇池纪事》以西山大佛发现为开篇，随后便进入了作者娓娓细语的记述中；从山邑村的历史考证，到西山、滇池的历史与民俗变迁，滇池的千年往事在我们眼前一幕幕浮现；《消失的阡陌》是《滇池纪事》的姊妹篇，重点考察了老昆明的山水布局：牛犁农耕、龙王崇拜、迎春祭祀、庙会、滇地移民等古风古俗，最后以消失的古昆明城为结尾，饱含着钱凤娟女士对昆明过往的欣赏与叹息，流露出对昆明未来走向的深深担忧；《识记撒梅》则把目光聚焦于昆明东郊的彝族支系——撒梅人，通过大量的访谈和细致的考证，运用民族学的深描法，对撒梅人的由来，生产生活，撒梅村寨的习俗、宗教进行了全面系统的论述，是难得一见且别具一格的彝族史研究成果，与学院派的彝族史研究相比较，《识记撒梅》是鲜活的、有人文关怀的；

《逝去的海弯柳　马帮》是钱凤娟女士的最新力作，全书由"海弯柳""马帮与昆明"等六部分构成，字里行间充满了作者对昆明历史与民俗生活的热爱与关切，同时亦流露出对民俗文化发展趋势的诸多思考。作者以一个见证人和考证者的身份深入滇池之畔、西山之观、金殿之宫、龙头之街、松华之乡、马帮遗迹，通过口述史记录、座谈会等方式，把历史与现实有机融为了一体，在娓娓道来的叙述中，还被访者以话语权，在民俗研究见"俗"未见"人"的当下，可谓是一道亮丽的风景线了。

从情感上来讲，钱凤娟女士笔下的滇池区域社会生活史，有一个显著特征，用句昆明方言来表达似乎更为传神——"热乎乎呢"。这种带着暖意的情感和执着，一直顺着字里行间的书页，汩汩流淌，将当下的读者引入田间地头、湖滨河湾、历史遗迹，细嗅乡土之气息，颐养人性之温情。再遥想，在岁月后的某个将来，沧海桑田、物是人非、人非物亦非的历史变迁中，如此自带温度、情怀和思索的文本，会留给后来者多少感慨呢！

昆明作为中国第一批24个国家级历史文化名城，有着厚重的历史文化，钱凤娟女士的系列作品，我个人认为是一种新的历史叙述方式，钱凤娟女士研究的诸多问题都是极有文化价值的：《海弯柳》研究了滇池渔民生活的变迁过程，以及这些渔民对现代社会生活的适应；《记昆明道士张宗亮》以一个个人生活史研究了作为中国土生土长的道士的式微过程，以及其个人的生活际遇；《金殿非物质文化流韵识记》则研究了作为国家级文物保护单位金殿的诸多人和故事；《记民国时期龙头街"洪发油坊"老板尚文宽》通过一个家族变迁的历史来展示一个时代，令人深思；《松花坝上坝村：一个水火淬炼的移民老村》讲述的是宏大时代变迁过程中的移民历史；《马帮与昆明》见证云南昆明乃至中国西南疆域与东南亚南亚诸国过往繁盛的马帮经济文化交流，揭示当今中国"一带一路"国策的深厚历史积淀。

因此，钱凤娟女士的系列作品就具有了新叙述史特点，具体为：第一，研究的主体从人周围的环境转向环境中的人；第二，研究的问题从经济和人口转向文化和情感；第三，研究的对象从群体转向个体，例如从城市昆明到个体的人张宗亮、民国时期的油坊老板尚文宽；第四，在方法论上从群体计量化转向个体抽样；第五，在史料的组织和应用上从分析转向描述。

  基于上述认识，我乐意为本书作序，目的是希望学院派的研究者，特别是历史学的学者在自己的研究中也可以考虑在研究方法上采用新叙述史的方法，书写出更有新意的历史学论著。

王文光

2019 年元旦

目　　录

序一 ·· （1）
序二 ·· （1）

引子：西山大佛发现记 ·· （1）
滇池畔的小村 ··· （5）
风水血脉串起的历史 ··· （6）
供奉神灵 ··· （11）
庇护鸿儒精英 ··· （14）
"做会" ··· （22）
追思祖宗 ··· （27）
邑人石匠 ··· （32）
龙王庙的传说（一） ··· （43）
龙王庙的传说（二） ··· （52）
财神麒麟 ··· （61）
充军来的杨姓 ··· （66）
大孃孃段臣昇 ··· （68）
西苑 ··· （74）
裕滇纱厂 ··· （77）
坠机 ··· （80）
滇池中隆起的大山 ··· （86）

1

欢乐西山　三月三 ……………………………………………（88）

劳作西山　山民眼中的西山 ……………………………（104）

传说西山　金马碧鸡 ……………………………………（119）

考证西山　失落的梁王台 ………………………………（132）

滇池沧桑 …………………………………………………（149）

金线洞与金线鱼 …………………………………………（156）

老龙河 ……………………………………………………（164）

水里来的李姓 ……………………………………………（169）

大湖边上的屯垦 …………………………………………（180）

大湖上鼓荡而行的船队 …………………………………（190）

善待滇池 …………………………………………………（201）

参考文献 …………………………………………………（205）

后记 ………………………………………………………（207）

再版后记 …………………………………………………（209）

序　　一

　　昆明坝子四山环绕，千姿百态。我曾设问："昆明人最熟悉的是哪座山？"朋友们争抢着回答："当然是西山了！"我又问："为什么大家对西山印象深刻？"有人答："西山睡美人的身姿形象逼真，线条优美，几十里外就可以看见，百看不厌。"有人说："西山正在滇池边，中国的山够多了。但平湖边的高山屈指可数，难得啊！"也有人说："西山森林茂密，假若是光秃秃的童山，谁会光顾它呢？"又有人说："西山上的文物古迹、风景名胜太多了，游一天只能勾个轮廓，细细搜寻，总得十次八次。"

　　我终于明白：名山的知名度是以它独具的优越条件决定的，只要有特点，就可以在州内县内崭露头角。它的特点越多，辐射范围越大，知名度就越高。"登东山而小鲁，登泰山而小天下"。东山还是小有名气的，但泰山比东山更高大，泰山的名气比东山就大多了。当然，人们对于名山特点的认识也是有一个过程的。千百年来，传统的五岳都局限于内地，这是华夏文明的中心地区，对这些名山早有认识。但随着对边疆开发的深入，人们逐步放开了视野，更惊叹于多姿多彩的大千世界，名山何止五岳？最近评选全国十大名山，珠穆朗玛峰和长白山都榜上有名，它们成为中国各族人民膜拜的精神化身，在地球上被尊为"神山""圣山"也当之无愧。静下心来再想想，我们祖国960万平方公里广袤大地上的名山胜景，正如佛经上说的恒河沙无量数，它们都各有千秋，争奇斗胜，选五个十个，不是太少了？还应该有佛教名山、道教名山、文化名山、高原名山、海上名山，等等。

名山有其自身的优势，但还必须有人们的悉心呵护。"山不在高，有仙则名；水不在深，有龙则灵"，名山的人文价值是决定性的因素。然而，人文内涵的积累是旷日持久、世代相承的，人们对于名山的认知也是历史文化长期积淀的结果，绝非短期疯狂的炒作可能奏效。昆明西山也不例外。这些年，有关西山的广告或旅游目的地的介绍很少，到西山仍然游人如织，长盛不衰。西山的风景已著名了一千多年。樊绰《蛮书》上说："碧鸡山在昆池西岸上，与拓东城隔水相对，从东来者冈头数十里已见此山。山势特秀，池水清澹。水中有碧鸡山，石山有洞庭树，年月久远，空有余本。"这是南诏时期的西山，在当时人们的眼里，它不仅秀美，而且古老。王升《滇池赋》说："探华亭之幽静，登太华之层峰，觅滇南之胜慨，指八景之陈踪。"这是元代人登西山赏景的佳作。正德《云南志》说："碧鸡山在府治西南二十里。东瞰滇泽，苍崖万丈，绿水千寻，月映澄波，云横绝顶，云南一佳景也。"这是明中叶的西山，一幅绝妙的水墨画。徐霞客《游太华山记》说："南崖上下，如蜂房燕窝，累累欲坠者，皆罗汉寺南北庵也。"这是明末罗汉岩的真实写照，三清阁建筑群让见多识广的徐霞客赞为绝活。那文凤《赠吴道人二首》说："万钻千椎显巨才，悬岩陡处劈仙台。何须佛洞天生就，直赛龙门禹凿开。"这是清代西山开凿的石室，直到今天龙门仍被叹为观止。西山集山水之胜，千百年来，在自然造化中又融进了昆明人的挚爱、培护、智慧和汗水，愈加锦上添花，秀美绝伦，它不仅是云南一绝，也是中国一绝，世界一绝。

西山的文化底蕴实在太丰厚。从生员游赏试笔的佳作，到著名学者的专题研究，有关西山的文字不断涌现。名家不但登临西山，也用如椽巨笔记录西山、题咏西山，仅高峣就有高峣十二景，还有著名的《高峣志》。近日有幸读到《滇池纪事》一书，又一次受到震动：对西山的认识远未穷尽，对西山的研究课题还很丰富，西山是一座文化的富矿，正等待大家探掘。

序 一

　　作者在一次偶然的机会，发现了西山的点睛之笔，为罗汉山由来的解析创造了条件。他们在此基础上，积数年之功，踏青揽翠、攀岩蹑蹬，在西山上穷搜细找。又深入西山脚下的山邑村，与农家渔户一起生活，促膝谈心，叙今追古。他们是开掘资料的旷工，他们不做二传手，这就给研究奠定了坚实的基础。西山是文人墨客的西山，西山也是旅行家的西山，但西山还是世世代代生活于此的村民的西山。通过村民认识西山，充实了人间膜拜西山的朴实感情；通过村民了解西山，填补了文人墨客不可能长期驻足的漫长岁月，这样对西山的研究，来得全面，来得深刻。作者以山邑村作为研究基地，但调研的范围没有局限于一村一地，为了解释西山，举凡晋宁、昆阳、呈贡、官渡、嵩明，滇池周围都遍布了他们的屐痕，都是他们的调查范围。这是一份珍贵的研究报告，对西山的形、神、山水改易、陵谷变迁、祠庙兴替，不但作了翔实的记录，也探讨了变化的原因，不少内容为一般人见所未见，闻所未闻。这又是一份行文通俗的读物，用浅近流畅的语言娓娓道来，甚至带有小说话本的风格，一反学术论著的严肃面孔，让人读来亲切，引人入胜。更难得的是，作者充溢着对滇池的无比忧虑，对昆明今后发展的关心，指点江山，出谋划策。放下书稿，我立即产生了一个新的念头：要再去看看神往的西山和熟悉的滇池，去看看世代守护在这山水之间的纯朴善良的山邑村民，去仔细端详那世所罕见的大佛。

朱惠荣

2003 年 3 月 30 日

序　二

今年三月到昆明参加朋友的人类学影像展，回广州时拖了4个超重的行李箱，除了半箱书，就是家人点名要的炒铁豆（蚕豆）、油鸡枞和牦牛肉干等等。女儿耿耿于怀的烧烤、凉米线、臭豆腐之类带不上飞机，只好由我"代劳"。为预留空间我取消了晚饭，瞅准影像展开幕式前的空子，从省博物馆溜出，到顺城街烧烤摊扫荡了一肚子，还打包了一个回族烧饼。这些东西火气辣劲之足，使我在高原夜晚的冷风里，只穿衬衣却能挺住看完一场露天电影。

回到广州，昆明老家的土特产消耗很快，只有一个东西还留着慢慢品。

这是老师交给我的一部书稿。

在异乡读有关故乡的文字，总唤起许多记忆——一种用肌肤触摸过的记忆，贴身的记忆。因为那滇池、西山和附近的乡村，都是我熟悉的。

到那曾经是一个可以光着身子在海埂的沙滩上打闹，可以放放心心让波浪托着的湖；甚至到70年代，我们也还常常在傍晚时分摸到滇池边，花三块钱向渔民租一条木船，玩一夜。划进湖心，脱光，在月光的碎片间裸泳，让湖清凉的手抚遍全身每一寸肌肤，身心皆爽。那时正是充满幻想的年纪，却遭遇普遍的无聊。城里无聊，人多的地方最是无聊。画画和野游，自然成为那个年代还可找到的安慰。觉得日子烦闷了，最好的去处，就是那些很少人去的地方。说是写生，其实就是找风景好的地方玩。有一年我和几个朋友环游滇池，在西山及滇池沿岸的乡村听到

滇池纪事

许多和城里说教完全不同的故事：关于睡美人，关于孝牛泉，关于为雕刻失误愤跳龙门的石匠（那是信仰缺失时代最缺的执着），等等。而在青蚕豆和油菜花地里，忽地就冒出男欢女爱火辣辣的调子，让我们这些只知道进行曲的小青年听得目瞪口呆。

但我们也就浅尝辄止了，对一个生活了几十年的地方，真正知道的也许不会超过一个过路人的意外发现。

发现，那是需要凝视的，长时间的、带着敬意的凝视。

这部书稿就是对一座山、一个湖的凝视的结果。它从远到近，由古及今，叙述了那个我们熟视无睹然而充满惊奇的故乡。

对于某座山像美人或是像佛仙圣人之类的事，我素来不置可否。因为每个人眼里都有一种情境或情结，如同情人眼中的伊人。我看重的，是凝视者对"伊人"的态度——尊崇，还是亵渎。

记得1970年代我在西山滇池一带收集民间故事，听到渔民和农民讲述西山睡美人和她的泪水如何变成滇池的传说。虽然都知道那是传说，但讲述者和听者一起感动的过程，至今难忘。讲述者久经沧桑的脸上，在回忆时露出一种单纯的真诚。他们望睡美人山望得虔诚，充满敬仰，世世代代，在山里留下许多神圣不可侵犯的地方，不能动土，不能亵渎。他们看山不是山，看土不是土，看树不是树，是有生命的躯体，是灵性的存在。和有这样心地的人在一起，你会觉得很踏实。

1990年代睡美人的故事被重新演绎。有人提出宏伟动议，要给睡美人"隆胸"——在西山的某个部位填土建楼，让睡美人的胸部更性感更时尚一些，好开发旅游。原以为这是无聊的流言，没想到竟上了报，得到官员首肯，学者论证，投资、经营的好像也动起来了，差不多当真了。大家一看急了，这主意比谭甫仁填滇池还恶心，拿嫖客的眼光看山，要不就是把昆明人当嫖客了！昆明一帮学者、作家、画家和律师连忙邀约在一起，从法律到文化，从自然保护到精神文明，论证了一通，准备以文本形式向政府和社会各界散发，制止可能的"开发"。说到最后不过瘾，全部"文化人"开始使用粗话，出口恶气，也与这样恶心的创意协调一些——尽管整理发言的律师最终还是把它们"翻译"成了文雅的语言。

如今水过三丘田，大家终又心态平和地看那睡美人了。

我惊喜地读着一篇篇熟悉而又陌生的故事，都是围绕西山滇池发生的故事。有几千年前的传说，有几百年前的史实，也有几十年间的经历。有我经历过的，眼前立刻像电影回放一样清清楚楚，连声音和气味都好像感觉得到；有不知道的，不免心生懊恼——如果属于不可见的历史倒也罢了，那样近在眼前的地方和可以找得见的事，我竟没见过！像山肚子里游出来的金线鱼、山肚子里钻进去的"二战"美军运输机、在山里时隐时现飘浮的"天灯"、黑龙洞里玄乎乎的宝物等。还有一些故事也很有趣。西山滇池边龙门村（山邑村）的小楼，住过西南联大的名教授。想起那位骑马上班的教授和学了一口"马街话"的教授女儿，就忍不住想笑。村里的民俗活动，也是很好玩的，做会崴花灯、对调子、放烟花、吃五荤三素八大碗的阵状，去年我在福保村过年时见识过，看那些花枝招展的老太太返老还童的样子，感动了好一阵。还有段氏杀蟒、龙王庙龙王显灵、人神相恋的传说、阿禧公主和孔雀胆悲剧、漂来的石麟麟等，这些故事，一代代流传，流露着人们对这方水土的敬畏和幻想。就像达利画上那个揭开大海一角的孩子一样，悄然揭开了西山滇池灵性世界隐藏的秘密。

再读下去，不知不觉生出一丝苍凉。

我注意到，有许多精彩的叙述，其实是过去时的，如今已经找不见了。

我很喜欢那些记述渔民和鱼、野鸭、水獭关系的文字。滇池渔人靠鱼生活，但渔人不贪，"遵古训惧报应"（放生娃娃鱼是因为它们娃娃一样的哭声，放黄鳝和乌鱼是因为老人说它们生小鱼"从嘴里生，吃了罪过"），有捉与放的规矩（撒麻织的大眼网，让小鱼和"眼尖精灵"的鱼躲过），人和鱼在生存竞争中各有胜负（我读到李老汉小时候被花链鱼弄下水的那一段），不像现在人不公平地总想当绝对赢家，学得跟鬼子一样搞"三光政策",竭泽而渔,斩尽杀绝。

书稿记叙了鱼和大湖的悲剧,记叙滇池这个"高原明珠"失落的现实。文字波澜不惊,沉着,亦沉重,铺展开一个个实例和数据,把西山滇池的沧桑之变放在我们眼前:

鱼儿的减少始于二三十年前。先是捕鱼工具的改进,尼龙细网取代了麻线网,那细如发丝的透明罗网在滇池水域张口以待,鱼们只要进入,无一幸免。拖网渔船代替了小渔船,柴油马达机器动力取代了人工手划。1960年代使用三帆风拖网,一对对大船兜起大网,从滇池南北来回拖,专捕油鱼,一天捕二三十吨,十年内油鱼几近绝迹。1970年代使用了如迷魂阵似的三层挂网,大中小鱼类一网打尽。1980年代又发明朝天笼。

与此同时,滇池盆地北部大量增加了城市人口,生活污水从明通河、盘龙江、大观河、梁家河条条水道汇入滇池,工业废水,洗矿的富含化学物质的残水从四面八方流向滇池。人们还尽可能截流本该流入滇池的矿泉水、纯净水、温泉。

有灵性有生命的滇池终于耐不住了,死亡先从她活泼的子民开始。1980年代的一天,许多死鱼被风浪冲刷到滇池西北岸,沿岸60厘米宽的水面一片狼籍,仅山邑村在滇池的网箱养鱼就死了一百多万公斤。在后来的日子里,鱼类不断以死亡来逃离滇池:汪丝、黑鱼、金线鱼、大马鱼、肉花鱼、油鱼、桂花鱼、娃娃鱼、螃蟹、歪歪(蛤)——整族整族的鱼蚌灭绝了,剩下一些耐污耐毒的鱼类。

之后,海菜、韭菜草、牛尾巴狗尾巴草都相继死去了。

昆明人有个绕不过去的结,这就是滇池。只要说起滇池,就回避不了"围海造田"(昆明人习惯把湖称为"海子")。只要说起"围海造田",就忍不住要叹口气,骂声"狗……"

昆明曾是一座名副其实的水城,大绿水河、小绿水河、洗马河、通济河、玉带河、明通河、菜海子等河流穿插于道路屋宇之间。民居的前门,大街小巷车马往来市井熙攘;民居的后门,舟船穿梭濯水洗衣扳罾摸虾。此等景观一直延续到20世纪四五十年代。

序　二

在滇池地区，人们向滇池要水源用作灌溉，要土地用作粮田宅基。滇池且拒且退，至公元20世纪70年代后，她终于让出了大半个湖盆，从域地一千多平方公里龟缩至三百平方公里，水位下降了六米多。

昆明人最后一次大规模的围湖造田是极为明火执仗、急功近利的。据《昆明百年》载："1969年12月，省、市革委决定，以'围湖造田'为突破口、实现农业大跃进。口号是'移山填海，围海造田，战天斗地，向滇池要粮'。沿滇池的官渡、西山、呈贡、晋宁等县区开始规模不等的围湖造田。市郊的'围湖造田'在滇池内湖东南，动员全市机关、企业、部队、学校、农民、城镇居民10余万人参加，投工1138万个，筑成3公里长、底宽30米、堤高6米的大堤，抽水千万方，从西山取土石数百万方，耗资千余万元（不包括劳动力的抽调），历时8个月，围湖面积3万亩，造田6300亩。"

沿湖农民得到上级通知，湖水退到哪里堤就筑到哪里。人们步步紧逼，滇池步步退让。

二十年后，滇池生态系统崩溃。

许多昆明人因为投身于这个轰轰烈烈的愚蠢壮举而追悔莫及。虽然我因到边疆当知青而暂逃此罪，心里却一样不是滋味——因为我也曾相信过"战天斗地"的"豪言壮语"，也参与过其他愚蠢的"壮举"。无论我们是有意策划还是无奈参与，对于后人，如何逃得过那一声责问？无论我们以什么方式表示沉默或逃避，对于不可复原的生态和物种，又如何能有坦然的心态？"伟烈丰功，费尽移山心力。尽珠帘画栋，卷不及暮雨朝云，便断碣残碑，都付与苍烟落照。"清代诗人孙髯翁面对"五百里滇池"写长联的时候，滇池还是下有"萍天苇地"、上有大雁飞过的清静之地。现在填的填，围的围，没填没围的变成化肥农药污水的下水道。再难见什么"蟹屿与螺洲""万顷晴沙"了，恐怕只剩下"一枕清霜"、半池酱汤！

记得小时候，滇池的螺蛳还可以凉拌来吃，脆生生的。到1980年代，滇池的鱼，骨头开始变形，市民买鱼，但知出向滇池，多掉头而去。

1990年代末，当我陪中国探险协会的朋友到滇池打捞抗战时坠入湖中的功勋战斗机的时候，湖水已是混浊不堪，湖边蓝漆一样的海油子（海藻）散发着浓浓的腥臭。潜水员在水下的可见度极低，上浮时身上沾满许多令人恶心的东西。这时下水真需要献身的勇气。

我们用滇池的死亡换取经济的发展城市的扩张。

然而，一座没有滇池的春城还可能是春城吗？

我们往往对故土熟视无睹。我们的往往习惯于抛弃祖传的遗产去追逐时尚，如同败家子拿紫檀木雕花太师椅去换败絮于其中的水货沙发一样。

一个诗意盎然个性鲜明的家乡，如何变成一个千篇一律的俗气城市，挤满一拨拨过时的"时尚"残迹——1950年代的烟囱、1960年代的标语、1970年代的积木大板楼、1980年代的瓷砖贴面、1990年代的霓虹灯——如同村姑东施梳妆台上随风流行的各种瓶子。

祈望我的滇池和睡美人不要再遭厄运了吧。

2002年春节，应师长和友人邀请，我在滇池东岸的一个农民度假村里过年。散步时走到湖边，见几位渔民在岸边，用塑料泡沫做的简易漂浮器，在湖里网鱼。我甚感意外，因为我以为滇池怕早已没有鱼了，忙问："大爹，滇池还有鱼？"

"有。"

"可以吃？！"

"还行吧。"大爹们表情有些尴尬，"当然，味道差些。"

话题自然转到滇池上。他们告诉我，这些年政府花本钱治理，滇池的污染还是有些减缓的。多年不见的狗尾巴草，开始在岸边出现了。它们在污染重的水里活不成，说明水质有改善。

"海油子（海藻）也不那么稠了。"他们指着拍打堤岸的湖水说，"其实，如果不多事，莫筑这些石头堤坝，莫填草海，让海油子（海藻）自自然然打上岸来，沙土过滤，太阳晒干，海油子（海藻）还会更少。"

翻阅着这本讲述西山滇池故事的书，让我想念高峣至海口的古步道、

序 二

西行夷方第一道关口碧鸡关，想念滇池滑嫩的海菜汤、脆生生的凉拌螺蛳，想念西山龙门、龙门下的三千三百九十九磴坎——我读着它，再次感受到久违的土地，那种单纯的真诚。

邓启耀

2003 年 4 月 12 日于羊城

引子：西山大佛发现记

　　1998年7月8日，冒着蒙蒙细雨，我来到西山龙门村中国银行培训中心开会，办完报到手续，兴冲冲跑出户外，眺望近在眼前的西山龙门山崖，不期然，只见一尊大佛赫然耸立在烟云中，不禁又惊又喜。十多年来，到西山旅游多次，对孝牛泉、三清阁掌故知之一二，听导游讲解、看有关资料也不少，却从未听说有什么大佛，不由寻来中心主任询问，比画一番，他连连点头说像，但又称在中心建设与运营的几年中从未听人说起。

　　与华亭寺住持同在市政协共事，顺访未遇，与寺内友谊画廊经理和画师以及导游等说起此事，都说未曾见识，于是一帮对佛教文化兴致颇浓的人结伴来到龙门村。但见蓝天碧水间，那尊佛安祥温馨，清晰得呼之欲出：饱满的天庭透出一股"灵气"，微眯着的眼，连眉毛、眼睫都依稀可辨，东方式的鼻子，微笑的嘴，山顶

造化生就的昆明西山大佛，在滇池湖畔一坐就是数百万年

西山大佛最传神的是其头部光洁的前额、眉睫、鼻、下颌，历历在目。他额上的皱纹，作者攀登近观，原来是造化不知何年排列的巨石阵，似恐龙肋骨，也像巨大的搓衣板

的亭子恰似释迦摩尼佛头上的珠宝，凤凰台、慈云洞、云华洞等各式彩色建筑装点在其颈旁脸边，隐约见其鼻尖下的凹槽可能是龙门的"达天阁"。画师用专业的眼光审视一番，认为身体与头部比例十分匀称。大佛脚下拥一汪清泉——史称五百里滇池，背靠绵延的太华、华亭青山，恰似端坐在巨大的碧玉椅上一般，令人为之动容。壮哉，好一尊顶天立地的笑佛。

　　大家沿滇池边小道走了近百米，个个目不转睛，描述着各自的发现，兴奋不已，都被佛的万千仪态、山水天地的和谐之气深深感动。同行中有见过四川乐山大佛的，不由将两佛作了比较，认为无论从大小、气势、形态上此佛都胜彼一筹。

引子：西山大佛发现记

回到家中，翻阅了手边的资料，将两佛作了对比：曾号称"天下第一佛"的乐山大佛高 71 米，西山大佛头顶处海拔 2551 米，脚踏处滇池水平面海拔 1885 米，身高 666 米；乐山大佛是人们因势而凿，西山大佛天造地设，是"神"来之笔；乐山立佛建于唐朝，距今有一千多年历史，西山大佛上溯不知何年何代，以西山石林的造山运动史计，当可追溯到三百万年前。西山大佛是造化的神奇之作。我不禁掩卷而叹，昆明真是好福气，在混然不觉中，一尊坐佛庇护了你千千万万年，福荫了你世世代代的子民。

西山有许多山峰，大佛所在的山峰不知何名，经询问昆明市园林局公园处的同志才知，从西山公园入口处由北向南的山峰依次是碧鸡山、华亭山、太华山、太平山，至西山大佛处叫"罗汉山"，问"罗汉山"名称的由来，说是前人留下的。我不由想，为何"罗汉山"上不见了罗汉？心犹不甘，翻阅了《昆明西山简介》，上载："三清阁始建于元朝，梁王曾避暑于此，称避暑台。到明朝正德、嘉靖年间，世袭黔国公沐家捐资，由摆渡村李应举在此建海涯寺。寺上有石似罗汉，俗称罗汉寺。"有了一点意思，但也不尽然，山中一小寺上的石头似罗汉与整座巍巍大山似罗汉不可同日而语。我又走访了龙门脚下的山民，问了若干人，从老妪到壮汉，竟无一人能道出此峰的名字，只说"西山""龙门""三清阁"，再深问一步，则不知所云。可见，口口相传的历史是多么不可靠，西山大佛在地老天荒中被湮没了。我猜测，"罗汉山"的得名可能有两种情况，一种确实是以大佛命名的；另一种是如西山简介中所称，山上某处一石似罗汉，故而得名。我更倾向于后者，因为如是前者，难于想象笃信佛道之教的吴来清、杨汝兰、诸公识、杨际春等人会在佛祖头上大动"干戈"，刻石镂室，兴建龙门，而且史籍记载此"干戈"横跨两个世纪历时 35 年。因此，合乎逻辑的应该是，在大兴土木之中，罗汉寺之上的那尊石佛消失了，在悠悠岁月中，罗汉寺也坍塌了，于是，"罗汉山"空剩其名，民众甚至忘却了山名。

龙门系列建筑在西山大佛脸部留下了一道明显的痕迹，所幸对大佛

3

整体形象没有大碍。一百多年来，人们砥手胼足攀登在绝壁万仞的龙门石道上，不得不赞叹前人的丰富想象力和英雄气慨。历代骚人墨客、豪杰谪官登临此绝顶，借天地浩然之气，把酒临风，一吐胸臆，为西山留下了多少楹联碑刻。龙门石窟是人们表达理想信念的杰作。但是，在西山大佛面前它不过是一个点缀而已，人终究要在造化的天地间，顺乎自然地生存与发展。真正能够与浩渺滇池相呼应唱和，具有同样大手笔、大气魄的应该是西山大佛。龙门、大佛、滇池表现出的人与自然的关系是耐人寻味的。

认识大佛是一种缘分。媒体的频频报道，世人的种种评说，更使我兴奋不已，久久不能平静。晨曦中、夕阳下、阴雨时、雪霁间，我一次次走向大佛，如痴如醉，冥冥中，大佛微启双唇，分明是在对我说：去吧，赶快到滇池，到滇池周遭去看看。

滇池畔的小村

滇池西岸，罗汉山下，大佛脚边，有个小村叫山邑村，又称龙门村，曾名龙王庙村。《昆明市西山区地名志》载："山邑村，在西山龙门下，亦名龙门村，村南原有龙王庙，曾以龙王庙为村名。距昆明市区18里。清咸丰年间，西山龙门工程竣工后，游人大增，故得山邑之名，意为这里虽是山村，但已像城镇一样热闹了。"

山邑村的命名已有一百多年历史，它是因龙门的建成而被命名的

风水血脉串起的历史

山邑村明清属高峣里，清末属高峣堡，民末属碧鸡乡，1952年属龙门乡，1958年为碧鸡管理区的一部分，1962年为龙门大队，1989年为龙门办事处的一部分，2001年龙门办事处改称龙门村委会，山邑村是其中一个村小组。

山邑村北接苏家村，西园旁的莲花池是其分界；南邻晖湾村，相接在大倒山一处叫猴吃水的地方，土地辖境全长不过四公里。小村地处山水逼仄间，土地极为狭窄，宽处不足百米，窄处只是数米，民居只能在村北从西园至村南立德中学的百多米间挤挤挨挨，村南三公里区间除了山便是水，民居难以插足，只有高海公路劈石开道，穿行其间。小村扼草海与滇池的咽部，近年，一条连接海埂与西山的跨海公路又将小村拦腰截断。

空间挤迫如此，芸芸众生仍不舍此风水宝地。新中国成立初，村民有数十户，两百多人口，目前有一百五十多户，五百多口人。山邑村女儿招婿上门不在少数，有人形容："姑娘不出门，男人讨进来。"

村中居住着段、杨、李、张、吴等姓氏人家，尤以段姓为首，占小村住户60%以上；杨姓次之，约占20%，其他姓氏人数较少。

全村户籍登记为汉族。但段氏原为白族，一些年长的村民回忆，大约在20世纪三四十年代，段氏申报了汉族，原因一是长期与汉民族杂居同化，失去了白族语言、民居、服饰等民族标识物。二是旧社会少数民族受歧视，加入了大民族就入了主流，心中踏实。

于西山坡观山邑村，湖对岸为海埂，地势之局促，真乃山水夹缝一小村矣

从海埂至山邑村长1090米的跨海公路，旁边有直上西山的空中缆车

在段氏的宗祠血脉中，代代相传着白族的记忆：祖先来自大理马鞍桥石碑村。1986年村人段家鹏在西山区畜牧局工作，一次出差到大理购买良种奶牛。工作之余，趁便寻访祖宗之根，寻到了苍山南边的石寨村，传说是元代大理国总管段功部属之后，疑是山邑村段氏血脉，然而年代久远，语焉不详，终未确认。

历史上，山邑村的土地曾有数百亩。从20世纪30年代起，由于小村特殊的地形地貌，昆明省城的官吏、企业、学校甚至军队陆续光临此地，土地遂不断减少。北边60亩田地卖给了当时60军军长卢汉盖了别墅，南边40余亩稻田卖给了云南纺织厂做了西山分厂。历次修路占了不少好田地。

20世纪80年代后，山邑村加快了土地开发的步伐，其主要方式是出让土地。一些企业落户小村，村民也一批批地农转非，山邑村成为都市里的乡村。现在，少部分村民还有零星菜地，散布于屋前宅后祖坟旁、水边山坡旮旯间。

在西山与滇池之间本无道路，史书记载，三百余年前，罗汉山崖曾直插海底，岁月漫漫，山坍石崩，人工开拓，蹚的人多了，便有一条小毛路。此道北起高峣，经杨家村—苏家村—山邑村—晖湾—富善—西华—观音山，南至海口，全长32公里，称古步道，曾有迤西来的马帮通行其间。这种状况一直延续到20世纪30年代末。期间山邑村与昆明城市、与滇池周遭地区的交通主要靠舟楫之利。滇池水运曾是滇池地区主要交通方式，从市区通往高峣、海口、昆阳、晋宁、呈贡都有船只可以通达。

村旁水边有个码头叫渔户堆，盛时曾经停靠数百只船：大船、小船、燕翅船、梭镖船、龙舟彩船，这些船只依它们的来路称为西门船、高峣船、海口船、昆阳船等。昆明游人从菜海子、篆塘、大观楼来游西山，四方乡邻来龙王庙烧香；小村人打鱼走亲戚看病，甚至到城里机碾房磨米面，都要在码头上下其间。村南大倒山采石场旁边也有码头，专门进行石料交易。

村中的龙门索道中转站

20世纪40年代初，龙云修通了自高峣至观音山的沙石路，路上行走着美国飞虎队的将士与昆明城里的先生小姐（昆明市社科院供稿）

西山的现代道路开端于 1897 年，是清末云南巨商同庆丰老板王炽出资修筑的。此路是石板路，从小西门至碧鸡关，1926 年建成，这是昆明城外的第一条公路。十余年后，龙云葬夫人李培莲于观音山，为着祭扫陵墓，便利民众，他主持修筑了从碧鸡关至观音山的沙石路，其直属警卫二团参与了修路，莲花池旁的山石上曾留下刻石以示纪念。西山上的路起源于龙家葬龙雨昌于华亭寺旁。

当时修路缺乏先进的技术设备及材料，仅靠人力、畜力、石碾子、沙石和少量机械，修出的路像小孩发蒙描红一样，毛毛糙糙、曲曲弯弯，只是比小毛路进了一步。

真正现代化的道路开始于新中国成立后，20 世纪 50 年代、70 年代，政府先后投入巨资，扩充路面，加固基础，拉直线路，铺设沥青，终使高海公路有了现在的模样。

20 世纪 90 年代后，西山公路又日益不敷需要，城市如同魔幻般成长起来的楼群，其大量泥沙石料取材于西边的山，载重卡车日夜奔忙，使这条路成为昆明负载量最大的公路。山邑小村，生存在两条繁忙的公路之间，整日与尘土喧嚣为伍，其生存环境之恶劣可想而知。

新路早几年就已经计划，终因筹资困难迟迟不能上马。最近，公路部门已组建机构，勘定线路，动工在即。高等级公路建成之时，小村环境可能会有较大的改善。

供奉神灵

小村地处名山圣湖，神灵崇拜很是兴盛。每年自农历除夕至正月十五、三月初三、五月初一、六月十五、七月十五、腊月初一，几乎家家上香、户户敬佛，以祈求家族平安、子女发达、六畜兴旺，少有例外。村子虽小，从北至南，曾有六七处祭祀殿堂。

彝族祭神的天子庙

滇池纪事

失去观音和华亭寺和尚大善的朝寿庵，已成废墟。小村虽然寸土寸金，按照习俗，却只能任其荒凉，不敢挪作他用

　　西园对面山坡有天子庙，曾经供奉若干神明，后来庙宇坍塌，人们又盖起简易屋舍，现在是附近彝族祭神之地，时有信奉者来此祭拜，杀鸡上供，然后做一顿鸡焖饭自己享用。

　　在村中两条公路交会的丁字路口，用石棉瓦搭盖的小屋内供奉着麒麟财神和石狮，这是农民和过往商人祈求财运亨通、消灾避难之所。

　　西山半山腰的山神小庙，过去村民上山打石头、砍柴必定要前往祭拜，祈求山神关照，保佑平安；现在村民歇业改行，香火渐次冷落，只有农历六月十五和七月十五告山神，才去烧香磕头。

　　山坡上的朝寿庵，中华民国时华亭寺曾派僧人"大善"管理，一度修路种树井井有条，供奉过一尊精美观音，高约两三米，后僧死庙又遭遇火灾，徒剩四壁。

　　村南龙王庙，曾是滇池沿岸水神崇拜的最大庙宇，影响遍及滇池地区。老庙毁于五十余年前，废墟旁，五户段氏又盖起小庙，香火不断，

供奉神灵

天后宫废墟长满荒草与青松，其上突出的山石是贡献石

尤其在农历节日，从四面八方赶来的朝香者人流如潮。

西山陡岩下的天后宫，供奉的应是道教海神"妈祖"，又称"天妃"。但村民却说，这里曾经住过一位受冷落的皇后娘娘，后人为其供奉香火。宫室由于远离村落，凋零极早，现只剩满目荒草，一枕青山。

村南高山上的小黑龙祠，在山邑村还有农耕的年代，但凡农历七八月久旱无雨时，人们必跋山涉水，前往祭拜，仪式极为隆重。

13

庇护鸿儒精英

　　山邑村东濒水，西临山，村落呈南北向狭长分布，北宽南窄。村北为大村，20世纪50年代人民公社化时期被划为一队；村南为小村，又称二队。一条小巷贯穿其间，北边是入口，旧时曾有一座堂皇的牌坊，是皇上颁给一位有德的杨家百岁老妇的，牌坊上书："瑞平昇仁"四字，坊东红梅，坊西杏林，是老村当年的门面和骄傲，毁于三十年前。小巷蜿蜒南下，直通村尾龙王庙，全长不过百多米。以牌坊开头，庙宇殿尾，东侧有"渔户堆"码头与滇池相吞吐，西侧"千步岩"石阶直上龙门，与昆明西山最高山峰太华山相对接，小村得天时地利人和。

　　村子中间，几块巨石缝隙中冒出汩汩清泉，东注滇池，是为"金线泉"。一条小路直上山坡，曾有牛群蹒跚其间，夕阳西下，几十头牛浩浩荡荡而归，行至此坡不约而同一齐排泄，牛屎牛尿满坡而淌，因此命名为"牛屎坡"。想当年山邑村祖先生活其间，如田园牧歌，情趣依依。

　　村中民居，望族多建以汉族的"合院式"，讲究的有"一颗印"式，这种房屋呈正面四边形，由两层正房、厢房、门廊组成四合院，中间有一个小天井，底层堂屋开敞设前廊，楼上住人；厢房为吊厦式，作厨房杂用，楼上存粮。正房的筒板瓦双坡顶稍高，厢房门廊屋顶长坡向内短坡向外，形成内聚形象，外墙开窗小而少，俗称三间四耳一对厅，形体方整如印章，故称"一颗印"。

　　大多数住户采用简易合院式，正房二厢房或一正房一厢房，都以围墙组成天井小院。不济的人家也有土坯房、石垒屋。

村中小巷，首尾不足千米，左临水，右靠山，宽处不过数米

牛屎坡

民居隐约可见白族遗风，大多数住房都有小巧玲珑的白族门庭。

小村有许多新房，一式的钢筋水泥结构，家底殷实的人家，建盖的是西式小楼，楼台亭榭，与城里的房子区别已经不大，它们多数是20世纪80年代以后建起的。

村中老屋，有的已经不堪岁月侵蚀，过不了多久就会消失，但文化积淀丰厚。其中段家鹏、段春茂两家的祖屋已有一百多年的历史。19世纪70年代，云南回民起义，一支义军驻扎小村半年有余，在义军与官兵的反复争夺中，山邑村被付之一炬，仅有这两栋房屋幸存。现在，老屋已朽态毕现，危机四伏，无人居住。

有两幢房屋也值得一记：一幢是古稀老人段春凤的老屋。段春凤祖上当过清末官吏，人称"段官头"，即管官的官，类似现在的组织部长，有红、绿、黄三顶轿子供其出入昆明城与山邑村之间。这屋是他留给子孙的产业。因年久失修，侧室已经坍塌，但雕梁画栋的门楼依旧昂然，当年的富态仍可一辨，引得一些好古的外国旅游背包族拍了不少照片去。

另一幢是中华民国初期云南省财政厅厅长吴石生的小楼。吴石生是云南早期的留美博士。房屋两层三开间，坐西朝东，直面滇池，门楣的隶书楹联曲曲弯弯状如东巴文，庭院中曾有一方鱼池引咫尺金线泉水灌之，内中长着碧绿鱼草，游动着红尾鲤鱼，荷莲开着红色、紫色的花，真是水清鱼肥花美。庭院外就是码头，昆明来的船只可停泊于门前。小楼曾是村子最精致的民居，抗日战争时期留下了一段佳话。
1940年，西南联大的教授为躲避日本飞机轰炸，由云南省政府安排分散至昆明四郊居住。一时间昆明乡郊僻壤与当时中国的鸿儒精英们结下了渊缘：冰心入住呈贡县的"默庐"，费孝通入住魁阁，沈从文入住乌龙，梁思成、林徽音夫妇住官渡区龙头村，楚图南夫妇住西山区碧鸡关村，清华大学物理系教授周培源一家则居住西山区山邑村吴石生的小楼三年多。据周先生女儿周如萍回忆：

仙人掌掩蔽中的合院式民居

年节,桃符门丞,喜气洋洋。饱含祝福的吉祥言语,被千家万户信手拈来,放在门楣

每到周末，山邑村的小院热闹非凡，现在看来并不大的五六间房子，地上床上经常是睡得满满的。

父亲在联大当教授，每周要有三天到学校上课。山邑村离联大有20公里左右的路程，父亲就买了匹马，取名"华龙"，他每天早晨5点起床喂马、刷马，然后送两个姐姐到车家壁小学读书，有课的时候再去学校上课，没课的时候就回家做科学研究。父亲骑马的样子很神气，威风凛凛，因此物理系主任饶毓泰先生戏称父亲是"周大将军"。

骑马是有危险的，一次马惊了，父亲从马上摔下来，脚却套在马镫上，被拖着跑了一大段路，幸亏被一位农民发现了才幸免于难。还有一次马失前蹄，连人带马一起翻到沟里。不过老马识途，后来每走到摔跤的地方它就绕着走。大约两年后，修好一条进城的路，父亲就把马卖了，买了一辆自行车。

母亲给我讲过许多故事，在山邑村生活的时候，虽比城里好些，但也常有日本飞机轰炸，躲警报是常有的事，当时家里养了一条品种叫Terrier的英国猎犬。它个子不高，毛不很长，有点卷，全身以黑色为主，为此取名"Blackie"。Blackie战斗精神极强，非常勇

1940年，山邑村住所，骑"华龙"马上班的西南联大教授周培源（引自《文化名人在昆明》，昆明市政协文史学习委员会编）

民居小院，后门外是碧波万顷的滇池

为吴石生小楼，它是在教授小女周如苹眼前塌﹝有昆明马街情结的周﹞想到"天人感应""故而惆怅不已

1998年的吴石生小楼，它已挺立七十余年，屋主人是留美博士，中华民国时的云南省财政厅厅长，又说是昆明电报局局长。1940—1943年，清华大学著名物理学教授周培源一家在此生活三年，与山邑村人一起度过抗日战争最艰苦的岁月

昆明西山滇池庇护一代文化名人，七八十年前，每逢周末，西南联大教授就到山邑村周家，既为"跑警报"——躲避日机轰炸，也为"饱餐"昆明河山之美。左起周培源、李继侗、陈岱孙、沈同、陈福田、陈省身、王蒂薇（周夫人）、周如雁（周家二女儿）、不详、不详、邵循正（引自《文化名人在昆明》，昆明市政协文史学习委员会编）

敢，也很有意思，它可以在敌机来前好几个时辰就发出一种怪声，并且全身发抖。母亲身体不好，走得慢，就可早些躲进防空洞，往往母亲都进防空洞半天了敌机才来，有时母亲说什么也不想动，Blackie就拖母亲走，直送母亲到防空洞。

父亲、母亲常常怀念云南的生活，因为这一段日子是他们一生中特别重要的部分，也是全家与昆明人共患难的日子，是他们一生中最困难的阶段，为此对昆明有着特殊的情感，以至于母亲曾多次表示，在她去世后要睡在滇池中。在家里姐姐们常常用昆明话交谈，大姐如枚曾炫耀自己讲的"马街话"特地道，她和如雁二姐对唱云南花灯，据说绝对正宗，谈起鸡枞、饵块、饵丝、过桥米线真是馋得人直流口水。讲起他们小时候的故事也是绘声绘色，我特别爱听，

庇护鸿儒精英

20世纪抗日战争时期,昆明本地的学校也疏散至四乡,其中,云大附中搬迁至北郊龙头街弥陀寺;昆华女中迁移至滇池东岸呈贡象鼻山石龙寺,图中的石水缸与偏厦下的锅灶是当年女中师生用过的旧物

一切对我来说都是非常新奇的,有一种神秘感。同时我对昆明也总有一种说不出来的感觉,特别亲切。

周如萍是周培源的小女儿,她的文章再现了当时中国文化名人在昆明不平凡的生活经历。

山邑村以它的高山大川庇护了一代文化名人,以它的湖光山色、浓情厚意滋润了一代文化名人。吴厅长的小楼连同"华龙""Blackie""马街话""过桥米线""鸡枞""饵快"一起永驻于周培源一家的记忆深处。

"做会"

山邑村传统的游戏娱乐往往与神灵崇拜相互交织，敬神娱神又自得其乐，活动以农历三月三是其最大。

就像现代人以文会友一样，新中国成立前，山邑村人以"会"会友，称"做会"。正月十六，刚过了热闹的春节和元宵节，晚上，在村子义学大屋内，红红的炉火上烧着一锅滚开的姜糖茶，人们暖洋洋、乐融融地聚在一起喝茶聊天，说西山事、滇池事、乡下事、城里事，无事不谈，交流信息、交流经验、交流情感，心满意足，这是"糖茶会"。操办者是一年一轮的六户人家，称作"会头"，标志是每户一个定制的花盆和馒头，轮到的人家要尽心尽力操持，打扫卫生，备齐姜糖茶料，整理桌椅板凳，发出通告以及热情接待，不亦乐乎。第二年，另六户如法炮制。年复一年，山邑村的人情世故乡谊就凝聚在这会中，如陈年佳酿，其味无穷。

山邑村龙王庙的娘娘殿在方圆乡里影响最大，一些书中都记载了这位主婚姻的女神。农历三月二十的"娘娘会"也极为热闹。"娘娘会"由六户有婚嫁或四户待婚嫁的人家操办，同样用花盆、馒头作转会标志。当日，义学大屋内摆上五荤三素八大碗，一日两餐款待全村父老乡亲，就餐者要交份子钱，很像现在的集体婚礼。

八月初一"鲁班会"，纪念的是石匠的开山祖师，这对山邑村的石匠可是件大事，祈祷祖师爷保佑自己技艺长进、阖家平安是每一个石匠的心愿。六户会头也在义学大屋摆上五荤三素八大碗招待全村匠人。此外还有"灶君会"，吃的是素席。

所有的会都有一个共同仪式，请寺庙高僧颂经祷告，可沾腥荤的会还要供猪头，以保全村各行各业、老老少少清洁平安（清洁，滇地土语，即吉利、吉祥）。

新中国成立后，做会不再提倡，村人娱乐方式随时势而改变，看电影、看戏、扭秧歌曾是一段时间的主流。现在，小村的娱乐以其群体性大致可分为三类：部分男女，主要以家庭负担较轻的中年以上者，汇入了打牌族，他们搓麻将、"甩"双抠，小巷旁、树荫下一桌桌乐此不疲，有少数人从本村打到高峣、马街，有时乐而忘返。70岁以上老人，从

图中石阶之上的三层楼处是"义学"旧址，当年七八个"会"在此举办。86岁的杨大姆是村中少数几个还说得清"做会"的老人

1999年起，每逢农历九月初九重阳节，在龙门村华美敬老院聚餐看演出，同乐三天，为沉闷的老年生活增添一些乐趣，这是村委会爱护老年人的一项举措，深得老年人拥护。2000年我参与他们的聚餐，真是华筵满桌，饮食内容大约与过去五荤三素八大碗相近，餐后组织游园看花灯，一片喜庆。

女人们，邀约三五好友，到宽敞的院落甚至山坡林地间，唱花灯、哼昆明小调，她们身着盛装，手拿道具，或烟盒、彩扇、花棍、手鼓、彩带，咿咿呀呀唱起来，手舞足蹈跳起来，煞是好看。山邑村老年文艺队十数人，年岁从60岁至75岁，跳出了名气，被请到海口沙锅村、江

云南花灯"烟盒舞"道具，中空，用手指弹击发声以伴舞

山邑村老年文艺队在滇池边跳"烟盒舞"，周围几十里的一些村镇曾请她们前往"演出"

2003年9月，昆明黑龙潭龙泉寺道观修复"开光"，附近农民的花灯队以"板凳龙"助兴、致贺

晋宁小伙子在滇池畔表演花灯"独龙舞"

凹村、西山沙朗村、陡坡村、大普吉秧田村，安宁观音庙等地演出。她们在顾秀英家化妆打扮，摆开架势，让我为她们拍照，一群快乐祥和健康的老妇，一会儿在滇池湖畔跳烟盒舞，一会儿在桃林舞扇，一会儿在小庭院扭秧歌，着实令人目眩神迷。山邑村当过17年民办教师的段家芝，喜欢自编花灯词，歌词涉及新房、小汽车、花卉节等，凡眼目所及均可编词唱来。一次，她们在华亭寺旁的空地唱花灯，引得不少游人驻足观看。花灯词据说有几十种，传统的如"板凳龙"："我的小情哥呀，我的小情妹呀，姐妹玩耍笑呵呵；老龙想吃水呀，青龙要翻身呀，老龙青龙要翻身。"现代的如"欢庆花卉节"："昆明是个好地方，山清水秀好风光，滇池湖畔睡美人，乘坐缆车上西山。"还有诙谐的如"酒歌"："七月里来谷花开，谷花泡酒上长街，杜康造下好美酒，喝酒仙家起不来。"

另一次，我邀约几个花灯迷到西山猫猫箐吃农家饭，60岁的杨竹芳手提录音机，随着播放的昆明小调边走边唱，唱得性起，她将沿途景致一一唱来，同行者原本三三两两小声说话，后来索性安静下来，只听她哼唱，真是绝了。花灯调子已是山邑村村民生活不可或缺的部分。

追思祖宗

按照山邑村段氏民间口传与宗教文化所示，小村段氏应当有六百余年历史了。记载历史的有史籍家谱、口碑传说以及人类繁衍的遗迹——墓葬。但是民间史籍、家谱极易毁于战火与动乱，口碑流于模糊传说难证其确，而墓葬见之于碑刻和家族血缘维系似乎更为可靠。

西山猫猫箐墓葬，墓碑雕龙画凤，是有"身份"的大户人家的坟茔

山邑村祖宗埋葬之地，主要在他们称为"面山"的龙门崖下山脚缓坡，华亭、太华、太平山半坡，少数葬在后山猫猫箐山地。

滇池纪事

每年于清明和冬至各进行一次的祭扫祖坟是山邑村人的重要事情，被视作子孙敦孝、家族兴旺的象征。以前，扫墓隆重而细致，并且形成了约定俗成的章法，大体有以下几个步骤。

1. 除草。将坟头上的杂草、荆棘除去，留下茂盛的大蓬青草与松柏。据说是为了求茂盛发达，避荆棘坎坷。

2. 敬香。在祖坟旁的山神碑前烧香焚黄钱，磕头。

3. 呼唤自家祖宗。如：某某家老祖公，来领受祭礼，领受香烟。然后在坟前焚烧黄钱、白钱各三沓，再烧锡箔。

4. 插坟标。坟标是一些打制过的红红绿绿的坟钱纸，用生香将其插在坟的四周，表示此坟已经祭扫，表明后代子孙兴旺。

5. 呈上供品。有糕供，水供，前者是在盘内装上各色糕点，后者供上各种水果。讲究的人家还会供上全鲤鱼、全鲫鱼，有的用小盅供上形状好看的乳饼、乳扇、肉饼等。再将少许供品掰碎撒在坟的周围。如坟主生前喜烟酒，还要供支香烟，供杯白酒。

"山神碑"是各姓祖宗的守护神，也是坟界碑石

6. 鸭（押）坟。扫墓者要宰杀两公两母四只鸭子，将浸湿的鸭毛泼在坟头及四周，目的是使野放的牛马不能啃食坟上的青草以保护祖坟。现在山邑村人已不放牛马，扫墓少了这道程序，但在马街、车家壁背后的山地，一些人还在这样做。

7. 共餐。祭扫完毕，扫墓者将随身背来的米、肉、鸡鸭等烹调出可口的饭菜，大家野餐一顿，家族兴旺的，扫墓队伍老老少少会多至几十人。坟旁这顿饭被称为"共餐"。

现在，因着生活节奏的加快和有关方面对山林火灾的严密防范，扫墓方式简约了。

清明扫墓，是人们维系血亲，追忆祖宗的重要形式。在花红柳绿的春光里，人们追思祖宗，踏青春游，世代相续，乐此不疲。即使现在实行殡葬改革，逝者遗体采用火化，农村人都要在祖坟地里象征性地垒个坟包，将骨灰掩埋其中，给后世留个念想。

我环顾左右，一些坟茔是新土，有的遍插彩旗，这就是现在的坟标了。缕缕阳光透过树缝洒在红色的小旗上，斑斑驳驳，流露出生者对逝者的思念追忆，令人感动。一些老坟，有的因后代迁移而凋零，有的因盗贼光顾而颓败，这些坟坟茔低平，墓基坍塌，墓碑也不知去向。西山上的盗墓贼极为嚣张，在省委党校背后的松林里，到处是盗洞，一片狼籍。猫猫箐曾有几座富贵人家的祖坟，石制坟标高耸，石人石马布阵，阴宅雕龙画凤，精致华美，着人看守并加封铁锁仍屡屡被盗。村人言此皆愤愤然。历史上，有人为防患于未然，葬坟故意不留墓碑，让逝者隐姓埋名，魂魄不受侵扰。

小村段氏支系广蔓，段家鹏这一支段氏子孙对家渊很是重视，他与老伴罗桂芬将祖宗字辈一一排来，上溯七代，由近及远，分别是国—以—有—启—永—子—雨。他们自己是"家"字辈，以下两代儿孙已破字辈老规矩，无序可列。

在猫猫箐的小龙头、老鸦背林地中，有他们仍可循迹的墓葬。他们还记得"以"字辈的段以和打了龙门的千步岩石阶，"启"字辈的段启

遍插彩纸的坟头，滇人称"插坟标"，树影婆娑，纸牌摇曳、山风袭人，增添些许诡秘气氛，渲染着扫墓的氛围

山邑村段氏老祖公的坟，可以追溯数百年

辛亥革命后任云南督军的唐继尧之坟，是昆明保存最完好的，人称"唐坟"，坐落在由他一手创建的云南大学旁的圆通山顶。墓拱顶部原有石鹰、地球与"南天一柱"，已在岁月中失落

安坟上的联句是：风吹千山秀，月映望海波。将祖宗业绩随时记挂心头，在山邑村并不多见。

村口公路侧是养护道班的工房，院落内曾有山邑村几座高大讲究的祖坟，因修路需要而被平复，连墓碑都未保存下来。

听说有两座段氏元代祖坟，我遍寻不着，想来已与大山融为一体了。

人类历史是在不断丢失中前进的，丢失了哲人的思想，丢失了匠人的技艺，丢失了华佗扁鹊的医术，即使有了文字，精华仍随个体的消失而丧失大半。大约天公造人时就做了这种安排，否则人一定可以上穷碧落下黄泉，把老天爷揭示得一览无余。

可见，墓葬记载的历史也是断断续续、只言片语的，人间灾祸、生活变迁、日月埋汰都可使之断裂湮灭。时间真像一个巨大的黑洞，任何神圣东西，都能被它无所不包的大口吞噬，尸骨无存。

邑人石匠

清代以前，山邑村人的营生是打鱼，明代大旅行家徐霞客到西山考察金线洞时到了小村，他看到，在罗汉山山脚，有村舍几十家，都以打鱼为生。村南就是龙王堂，面对着滇海。

从清代早期起，随着西山龙门石窟的开凿，石匠行业应运而生，山邑村大部分人转向打石头，其中尤以段姓为主，男人十之八九以此为业。

他们的第一个杰作是参与拓展龙门，1840年西山"达天阁"石窟开工，村中壮劳力全部上山，七十多户石工在百丈绝壁用千斤铁索悬吊着在空中开凿，身后山风劲吹，乱云飞渡；眼前石星飞溅，碎石崩落。其艰难险阻可想而知。达天阁魁星脚下，有块石碑上刻"邑人石匠"四个字，记载了这段难忘的历史。80多岁的老人段春茂回忆祖宗业绩，激动不已，连连说："真是英雄不留名。"

被小村石匠引以为荣的第二个杰作，是修筑千步岩。这是一条有1090级石阶的山道，它以滇池旁山

山邑村段家鹏，曾经是西山区畜牧局的兽医，会医牛马疾病，了解不少罗汉山龙门掌故

"老石匠最大的心愿"：寻找从明代到清代北京昆明大兴城建筑北京建筑也有过"中国罕见"明人雕琢的基石

金河上六百年前的石桥 这是北京发现的历史最悠久的石桥

邑村为出发点，东距渔户堆码头不足 50 米，一路绵延曲折，直达龙门，垂直高度 500 余米。千步岩每块石阶长 1.9 米，宽 0.45 米，厚 0.25 米，凿得方方正正，一丝不苟，虽经半个多世纪游人蹬踏，风雨剥蚀，至今完好。这是 1943 年由中华民国政府出资，玉溪人梁槐本承包工程，山邑村石匠段以和等人修筑的，原来是一条山石毛路。千步岩的建成对方便游人攀登西山、开发龙门起了重要作用。早期，这条路是游人攀登西山的主要道路，被人们编入了花灯词，不过词中为形容石阶之长、龙门之高，称之为"三千三百九十九蹬小石阶"。

小村人引以为自豪的第三个杰作，是参与了国家建设的大工程。1958 年，村民段春凤、段荣生、段荣芬、李玉贵四人被选入昆明赴北京建筑队，参与了首都十大工程的建设。他们中两人的技术等级为三级工，另两人为四级工。当时国家考古队正在十三陵发掘明万历皇帝的陵墓，一些巨大的石料被用火车拉了来，他们有的解石，将大石料切割成大小不等的石块，有的用机器磨石，将大理石抛光。先在北风窝建军事博物馆，半年后，移师人民大会堂。一个月后，基础工程完工，他们带着政府的感谢和纪念章返回了小村。

现在，段荣生、段荣芬、李玉贵已经作古，只有段春凤还健在。

与团结乡花红洞和筇竹寺后山的大小墨雨村的石匠相比，山邑村石匠大量做的是基础工作，他们开采条石、磨石、刻石，做石方手艺漂亮。从大倒山采石场采出的石料曾经遍及昆明大街小巷，成为庙宇民居道路的基石。石匠中也出过一些技术尖子。段家鹏的四老爹段以富，人称段磨先生，刻磨手艺高超，别人做废的石磨经他琢磨、校正，便变废为宝。这个绝活用在镶建石拱桥上恰到好处。人们坐船从四面八方来邀请这位造桥能手，经他亲手建造的石拱桥在土坝河、官渡河、四河六坝共有几十座。段惠英的老父也做得一手精活，他镶石拱桥、镶坟，在石头上雕龙画凤，不在话下。

千百年来，一代代匠人在西山如燕子筑巢，他们一砖一瓦、一斧一凿、一雕一刻，世代不歇，把昆明人的汗水、心血、智慧凝聚起来，垒起了令人膜拜的太华、华亭两寺，垒起了令人指点江山、激扬文字的三清阁龙门石窟。西山、龙门散发出浓郁的滇人文化气息。

小村以石匠手艺立村，新中国成立时被政府定位为小手工业村。

20世纪80年代，为保护西山龙门旅游资源，政府禁止在大小倒山采石，山邑村石工渐次歇业，现在全村竟无一人再操持祖业。

石匠生涯结束，小村选择了旅游业，这个行业对他们来说并不陌生。

山邑村有着得天独厚的旅游资源，早在19世纪村人就已经操持此业，不过当时只是石匠业以外的补充。

清咸丰三年（1853年），"达天阁"开通，龙门天台挟渺渺滇池巍巍西山的胜景吸引了无数游客，平民、官吏、富商、仕子无一不以一登龙门为快。其时，从城区至西山，陆路要绕道黑林铺，狭窄处仅够一人一马通行而已，多数游客取水道。水路自篆塘、大观楼、草海至山邑村约十余公里，全靠人工摇橹划桨，费时甚多，为节省时间，滇池盛行夜航船。人们于头晚登舟，第二天一早靠岸，游玩一天后又乘夜船返回，游一次西山需一天两夜，实属不易。一些人好不容易到了山脚，或年老体弱、无力攀登，或天性倦懒、无意费力，这时他们可以雇人"代步"，山邑村人就是"代步者"。村人有的抬轿子，有的抬滑竿，双双对对把人抬上"天阶"，有的用一根结实的丝背带，只身将娇小体轻的太太小姐与她们的孩子背上人间仙境，报酬是十几文铜钱背一个。当游人在山上口干舌燥时，山邑村人将村中金线洞山泉水背上山去卖与行人。当时城里挑夫卖吴井水、老龙河水，这种行当时人称之为清泉业。金线泉从西山肚中冒出，实是上等好水。至今，千步岩半山道上还遗弃着四个石缸，这是当年的储水器，现在昼盛太阳夜装月，默默纪念着那段岁月。

有的村人上山打柴，将柴火卖给船上渔家，或货币交易，或以柴换鱼。

20世纪60年代围海造田前后，草海口收拢建起了船闸，村上又置办四只渡船，向过客收取摆渡费。

因此，20世纪80年代，山邑村人将主业从石匠切换成旅游业是驾轻就熟、顺理成章的。

西山太华寺护栏上上镌著传佛教的英雄结，它的身上扛着护栏上的石象

金马寺，昆华寺内珍藏的石龟

筇竹寺卧的石虎

"唐坟"：机灵、嬉戏小狮、张扬着猛兽的母狮，部特别细腻传神习性：耳鬓丝朝，它活泼。猫科动物有如此耳朵忽朝向其注意力的方向

华亭寺一隅说悄悄话的狮、象。狮子说的兴高采烈，石象微笑跪坐，洗耳恭听

原蹲伏在昆明正义路三牌坊前的一对红砂石狮，后流落至大观公园。石刻古朴稚拙。它脚下原先镣铐过无数清廷罪犯，呻吟哀号，令它们一脸苦相，无以名状

当我与一些老石匠侃古,问到丢掉石匠手艺是否可惜,他们说,石匠苦,是重活累活风险活,家家都有伤于石头的。但是,说起前辈石匠的业绩,他们两眼放光。我知道,石匠已与龙门、西山一样珍藏在他们心中了。

21世纪初,山邑村人从事的旅游业,主要是在西山森林公园的山道旁摆摊设点,销售旅游商品。经公园批准领得经营证的一百九十多个摊点中,山邑村占了近三分之二,几乎每家都有一人经营。摊位很小,大的八九平方米,小的仅够一桌一凳而已。摊位虽小,布置却很规范,上用规格色彩统一的遮阳布作篷顶,货柜排列整齐有序,旅游商品布置也不俗,有的卖纳西风格的扎染服饰、挂包,有的卖珠宝玉石小饰件,有的卖根雕艺术品,有的卖智力拼图,还有的卖毛泽东像章、诗词、书法等,市场应变极快,城里流行什么这里就摆什么。多年前一盆腌菜泡萝卜就地一搁吆卖的小贩已少见。这是公园强化管理的结果。

一些商贩扳着手指计算他们的收支情况,领得正式执照的每月需上缴工商税一百多元,临时执照每月上缴七十元,再加上治安费、卫生费、报刊费、会员费,每个摊位每月需交二百多元。生意好时档口好的摊位可赢利一二千元,档口差的也可赢利五六百元。生意差时,档口差的摊位一月收入仅二三百元。但总比没有收入强,村中不少人想申请摊位还申请不到。

山邑村摊主们早上七时上山,晚上七时半下山,一天12小时在山上。好在公园开设了寄存货业务,不需要如过去把货物背上背下,省去不少力气。他们说,生意不好,游客稀少时,商贩们就在一起娱乐,打麻将、甩双扣。山上空气也好,倒也不觉寂寞。

一些人在村口千步岩起点处开设饭馆,他们主要守候步行登山者,但那些追求古朴登山情趣的人往往古朴到底,自备熟食饮料,跨入饭店的是极少数。几家饭店生意清淡,有气无力,反倒把好端端的千年古道入口挤对得窘迫小气,极碍观瞻。

村中有十几辆小马车,只有在年节时生意稍好,那时游客多,载重汽车驾驶员休息,马路清静。一些游客喜欢马蹄嘚嘚、清风徐徐的意境。节日一过,主干道上又车水马龙尘土飞扬,在一辆紧接一辆的卡车之间,

"千步岩"古道上的石水缸，其中一只（上图）就原生岩拓就。人们从山下将清凉甘甜的金线洞水背上山去。昆明卖矿泉水的历史因此可以上溯百年

滇池纪事

山道狭险，背人上山若遇一帮抬"滑竿"人马，只得躲闪避让（中华民国老照片）

小马车显得不伦不类，少有人问津。

还有一些人家置办了东风牌货车，替人运送石料，收入不菲。曾经有人买了夏利车想做客运，终因费用太高而作罢。

人们感慨，这旅游业也越来越难做。20世纪八九十年代，旅游业着实让小村火了一把，最早在海埂卖虾饼、在西山卖凉米线、腌菜的人都有了较好的收入，就连赶马车的都有四五家有了积蓄，卖了马车买汽车。多数人就是在这时候弃茅屋建新楼。那时，交通没有现在拥挤，竞争没有现在激烈，监管没有现在规范。当时还出了一些市场经济的弄潮儿。村民段惠芳曾在西山搞摄影、卖米线，后来在滇池搞网箱养鱼，之后又办起彩印厂，现在又转了向。眼光比别人远，见识比别人多，总能先人一着。

21世纪初，小村的旅游业空间已不大，尤其在百多名青壮年从梁家河羊毛衫厂下岗回村，他们也要加入旅游业队伍，也要从僧多粥少的锅中再分一杯羹，我明显感到了小村的焦躁不安。

昆明西山森林公园是属于世界的，这个外国游客从千万里外将他的躺式自行车运来，就为尝尝从罗汉山顺坡而下的滋味

段惠芳摇橹送作者至滇池外海拍摄挂榜山

西山顶部猫猫箐山地过去以荒僻著称，据说祖先大多因遇难犯事身陷绝境铤而走险，在那儿过着隐姓埋名、被人遗忘的日子。最近农家乐也火了起来。因为那儿有高山绝顶的刺激，有清风泉水、山茅野菜的诱惑，公路已经修通，借助汽车、缆车等交通工具，那儿再不是高不可攀，山邑村及其古道却被现代交通超越了。

现在，大部分游西山之人取道从高峣开始的盘山公路，公交车、小中巴都可直达公园门口，部分人从海埂乘坐缆车直上西山。极少数呼朋引伴的年轻人取千步岩古道登山，在山邑村丁字路口隆隆货车、滚滚黄尘的胁迫下，一头扎入山道，再不回头。昔日人文气息浓厚的牌坊古庙，老树渡口已毁坏殆尽。

山邑村，你曾拥有过的区域人文中心在哪里？你的旅游业将往何处去？高海公路高等级工程动工在即，拓宽的路面又将挤占部分土地，丁字路口如果再建立交桥，挤迫的小村，你将向何处去？

龙王庙的传说（一）

山邑村的龙王庙，留下了小村最深切的历史印痕。在这里，祖先与英雄同在，鬼怪与神仙共舞，善恶报应，功过是非，扑朔迷离，难分泾渭。昆明有首民谣。说唱的即是山邑村龙王庙，名为《龙王庙里去烧香》：

年年有个三月三，我们晋宁、昆阳、大小鼓浪、马街、晖湾，轱辘团转的农户、船家，
划着小船，
船靠船、船挤船、船擦船，
到处都是船。
龙王庙里男男女女、老老少少、人山人海，
里三层、外三层、
挤着擦着推着来敬香，
祈求风调雨顺、清洁平安。
姐姐呀，咯是今日山转路也转，
我们难逢难遇，
大家喜喜欢欢唱调玩。

年年有个三月三，晋宁、昆阳、大小鼓郎、马街、晖湾、轱辘团转的农户、船家，龙王庙里来烧香

滇池纪事

歌谣中的盛况，应该是20世纪中期前后数十年的情景，当时三月三的龙王庙极其热闹，香客游人总有数万之众。

历史上，在昆明城四周有影响的龙王庙有四个，一是城西南罗汉山，二是黄龙潭，三是城东白龙潭，四是城北黑龙潭。在四个龙王庙中，以黑龙潭之庙最古，以罗汉山（山邑村）龙王庙最盛。传说西山下的龙王特别灵验，大约是因为山邑村有着龙王发挥神力的最佳舞台，浩浩滇池巍巍西山，神会于此，一旦风云际会，风生云，云从龙，一时风雨大作，雷电交加，当此时也，人们不止一次地看到，在滇池的龙卷风裹挟下，一股水柱直冲云天，龙爪龙鳞隐约其间，说者绘声绘色。滇池龙卷风，民间俗称"龙斗"，有关它留下的灾变在滇池流域地方志上均有记载，我从《呈贡县志》看到：光绪十一年（1885年）七月，呈贡大冲、倪家营"龙斗"两次。拔树千余株，三间草房被风刮至一里开外。另一次在1964年8月30日，倪家营、西波村、洛羊、殷联、小古城一带降冰雹，大如鸽卵，稻谷无收，其他作物严重损伤，同时，狂风骤作，吹倒了三公里内的全部电线杆；在《官渡区政府志》也记载了一次：1975年6月12日在官渡，龙卷风拔起大树38棵，卷走晒场小麦5000多公斤，50公斤重的鼓风机被扔到数百米开外的水沟中。

西山，是昆明坝子雨云发源地。谚语称：有雨无雨看西山，有雨山戴帽，无雨下河套。秋雨不过街，这边下雨那边晒。这儿的雨也奇，会随行人的脚步而进退，这种状况多半发生在七、八、九月间，一位文人巧遇此事，特写作了一篇散文：《移动的雨帘》。

山邑村的田地房屋生灵都在山水的夹缝中，生存环境依赖于天地山水的和谐共处，山水一旦交恶逞凶，小村不知会有多少屋毁人亡。在村中一块巨石上，一道深痕就记载了这样一次洪水，深痕所在的高度约在当今滇池水平面四米以上，这可能就是史载的清同治十年（1871年）那次大水灾的痕迹了。那年，洪水一直蔓延到昆明大小东门外报国寺大殿三世佛的莲座，有八九尺深，城内外冲毁屋上千栋。

背着1970年代"马桶包",准备着香火、元宝的老妇

土炉内焚纸钱香烛跃动的火焰,蒲团上虔诚跪拜的信众,寄托了人们趋利避害的信念

村内大石上,祖先刻下的历史上一次洪水印痕,超过现今滇池水平面四米以上,那时,昆明城内一定是汪洋一片

45

滇池纪事

消弭水患非人力所及，只能希冀于冥冥中的天、神、龙王的庇护。于是人们把村南五六亩见方的平整宽阔之地奉献给龙王，在其上建盖了龙王庙。庙宇坐山面水，大山门内依地势而逐级向上建有三个大殿，前殿供奉观音，观音左右侍立着家神阿白老爹、杨氏将军；大殿供奉龙王，龙王旁边有爱将七位姑娘八位相公；后殿供奉关公周仓。娘娘殿、猪神殿、白马将军、鱼鹰将军小殿供奉在四周。龙王使用的数十公斤的大刀、大叉屹立在大殿天井两厢。龙，是华夏民族先祖的图腾崇拜，古人描述这种神奇的动物："角似鹿、头似驼、眼似兔、项似蛇、腹似蜃、鳞似鱼、爪似鹰、掌似虎、耳似牛。"有人考证推断"龙"的最初形象是夏商前生活在我国中原地区的湾鳄，即马来鳄，后来人们为了给这种华夏族的护身动物以神性，就将九种动物的形象如电脑制图一般合成一种会腾云驾雾的"龙"。在中国，没有哪种动物有"龙"这般的神性和威仪。在道教经书《龙王经》中，有东方青帝龙王、南方赤帝龙王、西方白帝龙王、北方黑帝龙王的四方龙王，还有"太上洞渊召诸天龙王微妙上品"的中央龙王，此外还有形形色色、有名有号的五十二位龙王。

山邑村龙王庙供奉的却是段氏龙王。山邑村人完全按照自己的需要和想象，将白族的本主英雄与佛道的神佛、民间的神灵糅合在一起，让各方神圣统统站在村人一边，以便与冥冥

记载着太子少保云贵总督部堂岑毓英捐银600两，同庆丰老板王炽捐银400两修的龙王庙功德碑，时为清光绪十四年，即公元1888年。其时，昆明金碧路上的金马、碧鸡两坊也在这位云贵总督手上督造，可见当时建设古建筑的力度不小

龙王庙的传说（一）

中的不测作抗争。在大山门外的滇池边有一个广场，临水建有一戏台。每次演出，滇池都是戏文中的背景，其声势气魄在昆明地区肯定是独一无二的。龙王庙整个建筑的规模不下于当年的华亭寺。

一方水土养一方人，一方人也养一方神灵，尤其在风景名胜之地。神灵一旦确立必相伴几多神秘几多鬼魅，这是数千年中国广大农村的通例，山邑村龙王庙亦然。但龙王庙的奇特在于，这些神话传说还可以在昆明的文化典籍里找到蛛丝马迹。

在当地口口相传着龙王显灵的故事。传说之一是清朝咸丰年间，云南回民起义，这次起义呼应了中原太平天国运动。当地又俗称为"长毛下坝"。回民义军踞西山一线与清军反复较量，一次，义军聚集山邑村，准备连夜于水陆两路夹击福保九甲。是夜，月黑风高，屡屡失败、狼狈不堪的清军在难以想象的情况下以少胜多击败义军，天明清理战场，发现龙王脚上长尺余、重数公斤的铁草鞋套在官兵首领岑宫保（云贵总督岑毓英）骑的马上，于是，疑惑的人们立刻相信，这是龙王显灵保住了一方百姓免受战火凌辱。后来，地方官邀约商民，把简陋的龙王庙修葺一新。

在村民徐荣芬家濒临坍塌的老屋内，我看到了一块被杂物和黑暗湮没的碑。老屋原是庙产，新中国成立时分给了村民。碑铭为"修龙王庙功德碑"，立碑时间为清光绪十四年（1888年）岁次戊子季春月中浣，上书："逆杨振鹏攻昆明龙王保九甲十余村"。碑是由吉思会同城绅耆士庶公共同立的。记载了修理龙王庙集银3038两5钱，捐银者的姓名身份如文：

  太子少保云贵总督部堂岑捐银600两

  云南布政司曾捐银30两

  头品顶戴云南巡抚部院谭捐银50两

  矿务唐捐银50两

  提督学院30

  粮储道松30两

  盐法道汤20两

滇池纪事

管理机械局补用协镇王 2 两

同庆丰 400 两

景山宫汉教习徐兆松捐 1 两

海口龙王庙龙王神像

　　这次重修龙王庙由时任云贵总督岑毓英首捐，昆明富商同庆丰老板王炽鼎力相助。那次战乱之后，昆明城内大兴土木，重振河山，金马、碧鸡、忠爱，这品字三坊就是由这位"太子少保云贵总督部堂岑"主持重建的，但距城十多里外的乡间庙宇也由这位封疆大吏主持修建实属稀罕，足见龙王庙的影响之大、规格之高。

　　龙王庙重立十二年后，法国驻昆明总领事方苏雅用相机将其永远定格在案：从大观楼外水域观西山龙门，之间山水迷蒙诸物难现，但一栋白色的高层屋宇隐约其间，这就是龙王庙。

　　关于龙王显灵保乡民之说原来始于百年前的当事人。然而乡民在叙述神迹时却无人提及此碑。

龙王庙的传说（一）

传说之二，清朝某官员不知何故得罪了龙王庙神灵，神灵降灾其家人，龙王庙因此被斥为邪教。这个故事在新中国建成后编纂的昆明史话中均有记载。1900年，方苏雅也听说了这个故事并将其记入笔记：传说云南藩司史念祖之子被庙中邪神所害，藩司一怒之下将后殿中所有神像泥身尽数打碎扔于水中。

在云南省文史馆员李瑞先生处，我得到了这个故事更为详尽的版本。李瑞今年70多岁，其父旧时在民国政府机关专司文物管理和旅游开发工作，李瑞幼时多次随父亲到过山邑村龙王庙。故事是这样说的：清末藩台史念祖的儿子长得一表人才，学问也很好，一次他到山邑村龙王庙游玩，被庙中塑得很精美的龙王段赤诚的像所吸引，进而发现龙王身后七位姑娘中的一位十分美丽，他满心喜欢，不肯离去，家人劝阻再三，他才依依而别，谁知回家后就病倒了，热病中絮叨着说龙王看中他，欲招他为女婿，史念祖速请端公师娘念经消灾，未果，公子亡，史念祖又气又恨，率兵丁将龙王庙的塑像砸个粉碎。

白邑黑龙潭黑龙神像

49

滇池纪事

　　这个传说也来自于古人，至今在庙中当值的老人还会念叨起这段历史。

　　传说之三，在20世纪的"文化大革命"中，本村的一些不谙世事的小学生带领其他村红卫兵进村"破四旧"，他们砸了龙王庙，毁了龙王像。之后，在一二十年的光景中，一些人先后遭了厄运，据说死于非命者一二十人，且都殁于青壮年。

　　这个传说当然出自今人，与我诉说这些往事的人心情沉重，面有畏惧之色。

　　在山邑村人的口碑中，龙王庙的神灵是有人的七情六欲、喜怒哀乐的，村人对其既敬且畏，恭敬祭祀，从不敢怠慢。当地有句民谚：龙王老爹不吃烟（吃不上烟），叫他船底翻天；龙王老爹不吃早饭（吃不上早饭），要叫他船底迎伞。意思是对龙王的供奉要周全，否则会有灾祸降临。

龙王与他的崇拜者。身披黄袍的龙王，曾是蒙诏（唐）时斩蟒英雄段赤诚，又是元时大理总管、云南平章政事段功，两位都是云南历史上的显赫人物

龙王庙的传说（一）

　　远古时期，人力衰微，自然强大，在凶险莫测的自然面前，人们创造神灵，赋予其神性，以壮大自己的声色，使人不再孤立无援，神灵在人的精神凹凸镜中光怪陆离，变幻无常，呼风唤雨，给人很大的抚慰和支撑，然而，神灵一旦确立，即成为人们自己的主宰。神灵的神性、神力是人们精神创造的一部分，也成为人自身精神不可分割的一部分。此时，人神难分难解，人自己也要受制于自己创造的精神和物质力量的制约了。龙王对于山邑村和其他顶礼膜拜的人来说，莫不如此。

　　山邑村龙王文化，是山邑村村社文明的一部分，也是西山、福保乃至整个滇池文明的一部分。

龙王庙的传说（二）

山邑村龙王庙祭祀的神灵，明代为"灵伏仇夷滇河圣帝"，清代为"元平章段功"。村民只知其一，不知其二。并且在三个世纪中为这个神灵编织了许多光环，种种传说与小村段氏的祖先崇拜密切相关，这是山邑村龙王庙的真正奇特之处。

有关龙王的来历有两种传说。

一说龙王是段功。

段功是元朝时云南大理总管（当时大理权力的实际掌管者），至正二十二年（1362年），他在平定红巾军起义，击退其余部明玉珍的进攻，保卫元朝在云南的地方政权中立了大功。云南最高长官梁王帖木儿不花刺"深德段功，奏授平章"，并将爱女阿盖嫁与段功。阿盖美丽贤淑，夫妻恩爱异常，段功因此长住昆明。开始，梁王对段功宠爱有加，一次段功脚踝扭伤，梁王亲为其敷药疗伤。但日久生变，恐段功功高震主，一日梁王密授阿盖以孔雀胆毒杀功，他对阿盖说：天下最亲的是父母，最贵重的是社稷天下，我对段平章够好的了，所有的富贵都给了他，但是他却想夺我们的天下啊。阿盖将父亲的阴谋密告丈夫，并表示愿意携夫共奔大理，段功不信。后来，梁王见女儿不能成事，便于七月中元节，邀段功至东寺塔听梵经，事先在通济桥设下埋伏，当段功坐骑受惊奔跑时，梁王令番将格杀之。阿盖抚尸痛哭，欲自尽，梁王不许，防范甚密，并派出使者将段功灵柩送回大理安葬。阿盖痛不欲生，忧愤而死，留下《吐噜歌》一首：

龙王庙的传说（二）

昆明城中美丽的东寺塔，始建于公元829年

吾家住在雁门深
一片闲云到滇海
心悬明月照青天
青天不语今三载
欲随明月到苍山
误我一生踏里彩（踏里彩，即锦被。）
吐噜吐噜段阿奴（吐噜，可惜的意思。）
施宗施秀同奴歹
云片波粼不见人
押不芦花颜色改（押不芦，北方一种起死回生草。）
肉屏独坐细思量（肉屏，指骆驼背。）
西山铁立霜萧洒（铁立，指松林。）

呈贡小梁王山，傍滇池，元末梁王把匝剌瓦尔密在明将兰玉、沐英追击下，于此投滇池亡，从者有妻女、部将近两百人。山上曾有祭祀小庙，数十年前，被挖山不止的人们荡平

　　时为至正二十三年（1363年），段功死时的头衔有云南中书省平章政事、大理路总管、军民宣慰使、世袭都元帅四个之多，这是元代云南历史上的一件大事。之后，段功之子段宝据大理，与梁王分庭抗礼。四年后，心有愧疚的帖木儿不花剌病死，宗室把匝剌瓦尔密立为梁王。又十四年明征南副将军兰玉、沐英攻昆明，梁王把匝剌瓦尔密投滇池亡，这段公案情债才烟消云散。

　　这一幕东方的"罗密欧与朱丽叶"被郭沫若改编成历史剧《孔雀胆》上演。1956年山邑村才女段臣昇看了此剧，感慨万分，写了《鹧鸪天》词一阕寄给郭老，抒发了对祖先段功被害的愤郁之情：

　　　　追怀雀胆忆吾宗
　　　　霸业由来计不穷
　　　　利害宁飞（废）亲骨肉
　　　　夫妻毕竟异儿翁

龙王庙的传说（二）

滇池水寒苍山风
此恨绵绵话不公
回望六百余年事
碧鸡金马映长穹

1957年，郭沫若回信并附词两句：

悲剧流传孔雀胆
贞心渲染点苍山

段功死后，其部下杨渊海自杀，随段功至昆明的段氏宗族被梁王格杀殆尽，但是，极可能有一支嫡亲避难于壁立的罗汉山山水烟雾中，同来的还有部下阿白老爹（同为段氏）和杨氏将军。他们的后代就把段功尊为龙王，让两位忠实的部下伺立其身旁永不分离。

无独有偶，昆明通济河畔的西岳庙又称阿姑祠，祭祀的是梁王女段功妻阿盖。这位女神六百余年来遥望着松涛滚滚中的西山，与段功神像只隔咫尺之间。阿姑祠内有清代秦光明所题联句：祸变起伦常，夫也何辜，父也何仇，泣尽千行血泪；奇冤含肺腑，羌兮休怨，宝兮休怨，怜此一片贞心。句中羌系羌娜，宝即段宝，是段功与大理高氏所出的一双儿女。联句将阿盖被爱恨情仇所困的境地描述得甚为贴切。二说龙王是段氏杀蟒英雄段赤诚。

不知何年代，昆明西山太华山山洞中出现一条巨蟒，这害人精经常下山掳掠猪羊、袭击行人，为害一方。三月三，山邑村武人段赤诚为了解救乡亲，身着带刺盔甲，怀揣诱蛇鱼肉，怀着必死的信念，只身上山寻蛇搏斗。大蛇闻香出洞，于是人蛇之间展开了一场殊死大战，只见乱石飞滚，尘土飚扬，双方搏斗许多回合，英雄力竭，被大蛇吸入腹中，大蛇心满意足正欲返回洞中，腹中铠甲之刺发作，大蛇痛得从山上滚入草海，海水为之染红了一半。

滇池纪事

地方官把壮士义举上奏朝廷，皇上颁诏，一块皇帝手书的红底金字大匾就挂在龙王庙中，此匾直至五十余年前才被毁。据自小酷爱游历的李瑞老人回忆，庙中神位所书为："敕封云贵总督龙王段公赤诚之神位"。康熙御题之匾为："霖雨苍生，保黎民众庶"。有意思的是，同样的故事、同样的情节在大理白族之乡也有传说。故事记载在反映白族历史的《白古记》上。在南诏国（唐朝）时期，洱海中出了一条蛇精，名叫薄劫，它神通广大，时常掀动大水浸淫城市，搞得民不聊生。蒙氏国王发出告示：谁能杀死薄劫，就赏他一半的官府库银，并且子孙世代免劳役。百姓中有一个叫段赤诚的壮士愿意前往灭蛇，他在身上捆满尖刀，只身下水与蛇搏斗，但是只有几个回合，便被妖蛇吞食，人与蛇都死了，水患也平息了。国王命人剖开蛇腹，可怜英雄已成一堆骸骨。国王将他隆重下葬，并在坟上建了一座塔，将妖蛇骨灰镇于塔中，称为灵塔。妖蛇有同党，每年都有蛇精驱动狂风来剥蚀塔灰，意欲解救薄劫。人们在苍山脚下建了龙王庙，内供洱河龙王段赤诚。

大理流传的杀蟒故事，其时间的明确，情节的曲折，流传的广泛，是山邑村杀蟒故事所不及的。从中可以猜测，段赤诚故事始于大理，是云南政治经济中心的东移，是大理白族文化的迁涉，使段赤诚从洱海移民至滇池。但皇帝为何将山邑村段氏龙王封作云贵总督龙王，详情不得而知。后来我走访了白邑黑龙潭后，才知道关于"云贵总督龙王"的来历。

传说清道光年间，云南、贵州大旱，田地龟裂，饿殍遍野。当时云贵的最高官员是伊里布，他的头衔是太子太保兵部尚书云贵总督部堂兼云南藩台。他忧心如焚，坐轿到白邑黑龙宫求雨。此地的黑龙是一位礼数极周到的龙君，它制作了种种神迹迎接这位人间封疆大吏。当伊里布临近黑龙潭时，黑龙降雨相迎，藩台的四名轿夫，前两个浑身被雨淋个透湿，后两个身上却是干的。当伊里布在龙王殿祷告完毕，走近龙潭信口说道："龙君如若有灵，请现真身。"潭内立刻金光闪闪，一只龙爪伸出水面，把伊里布惊得倒地便拜，再请龙神向云贵普降甘露，待他起

传为段功后裔的山邑村段氏家谱，据说原藏于龙王肚中，旁有金心玉胆。现只剩一只讲究的书壳留存于世

滇池水源发祥地的白邑黑龙潭古戏台。山邑村龙王庙原来有一座更为讲究的戏台，它的背景是500里滇池

滇池纪事

山邑村号称"老龙婆"者,她终年侍奉龙王,当地称"顶龙王",她的原名反被人遗忘

身时却发现石围栏上有本红书,上写"一方之龙,不得越界行雨,云贵龙王甚多,岂敢妄自尊大,乱行降雨,望能见谅,邵甸黑龙顿首。"接下来的故事是说,伊里布代天子封黑龙为"云贵总督龙王",邵甸黑龙在奏明玉帝获准后,便在云南贵州广为布雨。旱魔降服,百姓欢庆。伊里布事后向皇帝上奏并请得皇上御批,只是这块敕封神位并未放置于邵甸,却落在山邑村。

类似的故事,在昆明龙泉观黑龙潭也有流传,只是故事的主角变成了太子太保云贵总督岑毓英与名叫何光舟的云南总督龙王。这个总督龙王并未假手于人间帝王敕封,而是上界所为。两者相会,是岑到观中求雨,龙王以"文武"两式相迎,"文会"是何光舟幻变为一个眉清目秀的小道童,献上清香四溢的茶水一杯,内中还插有一朵鲜花,喝得岑毓英浑身舒坦。"武会"是黑龙在龙潭掀起三五丈高的水柱,伸出一只黑乎乎的巨爪,将岑毓英惊得连忙唤来轿夫,急急打道回府。途中,轿夫淋雨的秩序与伊里布的正相反,八抬大轿后面的执事与轿夫被瓢泼大雨淋得喘不过气来,前面的执事与轿夫却被烈日晒得大汗淋漓。直到大桥上,岑毓英高呼"谢谢龙王,免送!免送!"大雨才戛然而止。此桥因此被称为"霖雨桥",就在盘龙江上段的罗丈村。

有关龙王是段功与段赤诚两种传说有着截然不同的内容与场景,然

龙王庙的传说（二）

而，有一点是相同的，山邑村段氏来自大理，是白族，他们的祖宗之根在洱海苍山。龙王文化使小村段氏重温苍洱白族的旧梦。

山邑村的龙王文化向我们昭示了滇池文明的多样性。环顾滇池流域，文明的发展史就是一部各民族迁移、交流、融合的历史。从楚人庄蹻入滇，在滇池南岸加盟古滇国算起，两千余年，滇池与中原，滇池与洱海，滇池与关外塞北甚至域外东瀛、古印度、波斯、阿拉伯的文化交流、民族迁移融合就不绝于史。滇池文化是移民文化，滇池文明史是一部移民文明史。

村民在龙王庙猪神前祭祀，将祭神的鸡血淋洒于石猪身上的左索——反搓的绳索，再将这根沾了神性的草绳，系于自家牲畜身上，代代相传，据说可保牲畜平安长大

关于龙王庙，那个有着三个大殿、广场和戏台的庙宇已不复存在，它毁于20世纪的一次古文化浩劫。后来，一些笃信龙王神威的村民利用原香客居住的小屋，在废墟旁建盖起了简易房屋，供奉新塑的龙王神像和七个姑娘八个相公，门口台阶旁还站立着猪神庙的旧物，几个石猪石羊。

简易龙王庙由五户出资重修龙王庙的段氏后裔当庙（值日），他们轮流管理，打扫卫生，为香客准备香火，注意用火安全，有时还请有点名气的端公师娘为人们念叨些逢凶化吉、遇难呈祥的段子。香火很旺，尤其在农历节日，来朝拜的人中，福保九甲的人不少，他们心中记挂着这位传说救民于战火的英雄。

原有寺庙的废墟约有五六亩，空荡荡闲置在滇池旁，因敬畏神灵，无人敢在其上建盖民居。

财神麒麟

财神是只石麒麟，它蹲在村口，大张着嘴，嘴巴被人抹得通红，扭着头看着车流人流财流川流不息。它的栖息地十分简陋，脚下只是一个两米见方的水泥台，头顶是一块铁皮瓦，背后敞着不避风雨，但是它并不孤独，左右有两只小石狮相陪相伴。

传说不知何年代，山邑村一杨姓女人活到百岁，有贤德，皇上颁诏，立了百岁牌坊，一只石麒麟从观音山漂来，被本村大力士杨灿抱回村中安置在牌坊前。

从此，麒麟开始护村。据说，它首先保护的是昆明，纵贯川滇的长虫山，身披白鳞，蜿蜒百里，蛇头在昆明城西北的普吉，蛇尾在四川，人们称其"吃云南，屙四川"，据前辈说法：吃，意味着剥夺榨取；屙，则是堆金聚宝。长虫山不利于云南。麒麟张开大口，极力阻挡着长虫山的侵扰，以保护昆明的福祉。麒麟还是镇村之宝，老人说，麒麟在此诸神回避。"麒麟麒麟大张口，鬼神见了都发抖。"村中小孩满月时，将鸡蛋壳倒于它周围，点上百支香，小孩就会健康成长，长命百岁。麒麟爱护孩子，孩子们可以骑在它身上嬉戏玩耍，成年人却不敢碰它一指头。它伴大了一代代小村人，身上被抚摸得光滑平顺。

五十余年前，它与百岁牌坊一起遭到了厄运，牌坊被拆，它被扔到村头的田地中终日与泥泞垃圾为伍，然而在落拓中仍然有香火。后来，五里多的一位师娘来龙王庙进香，突然"借口传言"，她用不同的男人腔调以龙王老爹、阿白老爹、杨氏将军三神的口吻分别叨念：大龙王家

滇池纪事

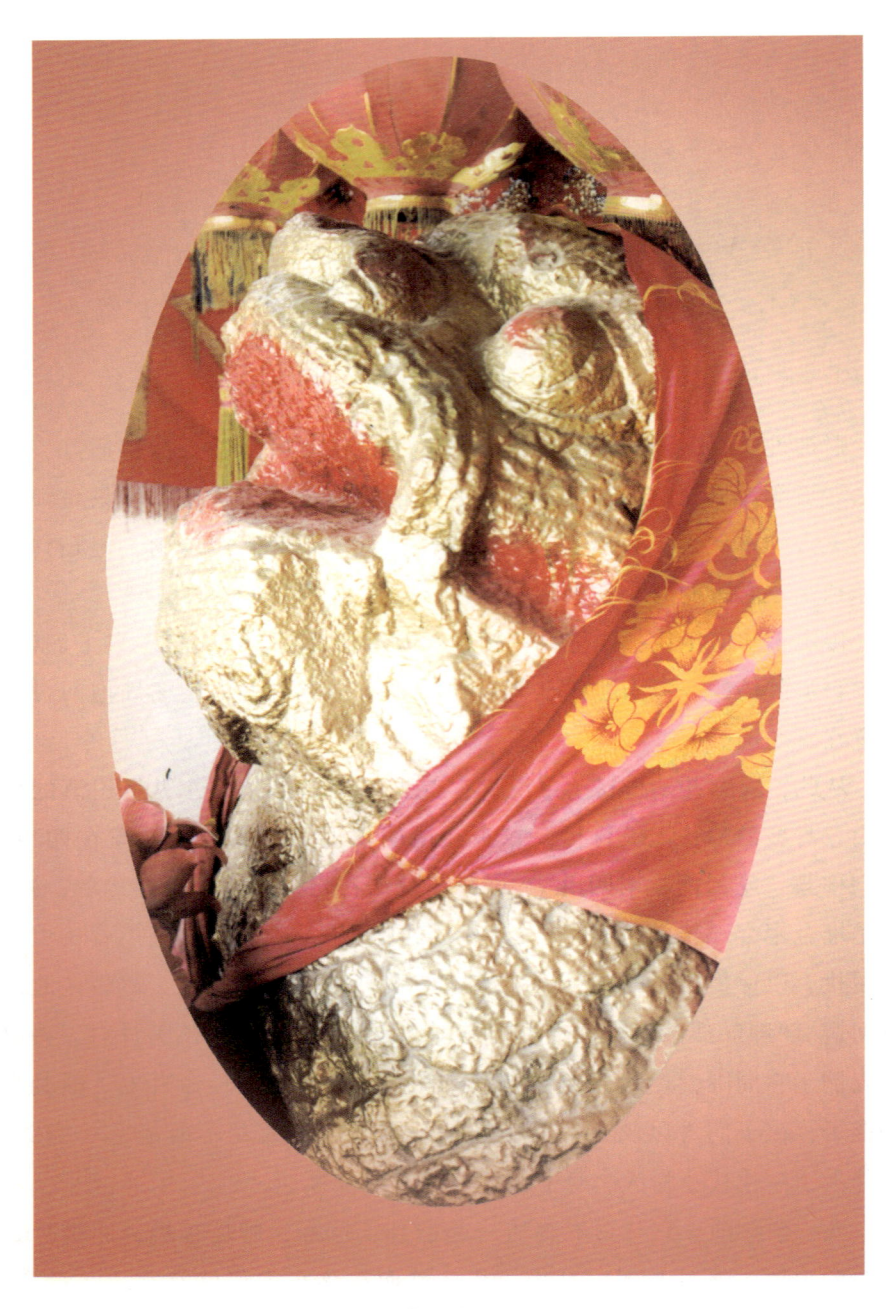

喜气洋洋，笑容可掬的财神石麒麟，寄托着信众发财避祸的念想

的，石麒麟被人扳倒，你为什么不管。将它扶起来，一村的人有半村会当工人。一位村民大嫫请示师娘由自己来管理。她打水洗净麒麟身，用村中二队各户捐的钱买了两只大公鸡敬神，半年后，果然半村的人当上了工人，是中国银行占用了山邑村的土地建设培训中心，作为回报之一，安排了几十个年轻人到梁家河羊毛衫厂工作。

身披白鳞、隐在山峦中的长虫山，从四川不远数百里奔来，至昆明普吉时蛇头低垂。据说，原来巨蛇高昂着头，欲戏昆明城下万年灵龟，被昆明土主"宏羊"老祖用法术镇住

庙会时，财神小庙前卖香烛的人

人们排着队进香

当年大力士杨灿洗牛的"埔埔洞",已被开垦成田地,白花花的螺壳混杂其间。据说这种土壤长出的土烟好抽,叫螺丝壳烟。现在,此地正在建设高等级公路

我访问大媒,她说香火可以,平日烧香的三个五个、十个八个不等,三月三从一早忙到天黑,总有成百上千人来朝拜。做大生意的人开车到棋盘山去求财运,做一般生意的就到这里。有求做生意能赚钱的,有求在投标中能中标的。但凡灵验,都会来致谢还愿。清晨天刚放亮,两辆车开进村来,一车下来几个男人,另一车装着供品,有一公一母两只鸡、一块肉、一大盆糖与糕点码着好看的花样。其中一位男人说,"大媒,你供的菩萨挺灵验的"。

老村山邑,真是神奇。人说云南水土好,插支筷子长成林,龙门脚下的一块石头就是神。

充军来的杨姓

山邑村杨氏人丁不如段氏兴旺,其来历有两路,一路是传说当年段功蒙难,部下杨氏将军与阿白老爹一起奔逃隐匿于此,他们的祖籍是大理白族;另一路,据说是由南京充军过来,大概这位贬官武艺十分了得,地方官不放心将其圈养于城内,而是将其幽闭于罗汉山山水夹缝中。

在滇池周围,传为祖上从京城流徙至滇的不在少数,一些流官贬臣,甚至皇亲国戚获罪,或因政权更迭之际,站错队跟错人,被当政者划为异类;或逆耳忠言扫了皇帝的兴、拂了皇帝的意,他们罪不至死,任上又曾文韬武略,有功于朝廷;或皇家骨肉连理难以下手,于是,皇帝一狠心,将他们打发到这距京城千万里之遥的西南蛮夷之地,让其客死他乡而留存一脉。这些人历经了千难万险、九死一生的带枷流放,至滇时已奄奄一息、万念俱灰,只图活命保嗣足矣,他们自沉于民间乡里,唯恐人们记挂着他们的屈辱蒙羞史。如此三代,则销声匿迹,祖宗之事,只闻"充军"两字而已。少数满腹经纶锦绣文章,性情又豪爽之人,得由朋友提携学长怜惜,将养调理,缓过神来,从此寄情于山水,流寓于金碧,诗词文章流传至今。如明初受左丞相胡惟庸谋反案牵涉至滇的十多个日本诗僧;明嘉靖年间(1524年)因"议大礼"案被发配的杨慎;等等。

再说山邑村充军的杨姓,后代多武人,最有名的是人称"狮子山大爷"的杨灿。杨灿爱牛,力气奇大,半岁牛犊,他一手夹持一个,抱到渔户堆码头旁的地旮旯为它们洗澡,洗出的水潭叫埔埔洞,洞底全是螺壳，与滇池水相通，天旱时人们在埔埔洞车水灌田，洞中之水不多不少，总是够用。

大观楼需要两只石狮，人们用大船装载石狮去白马庙开光，当船行至鸭圈牌时，风大船沉，众人一筹莫展，将杨灿请到，他下水一把抓住石狮竖着的耳朵提了起来。狮耳还挂着水草。

杨家百岁牌坊前重达一吨的石麒麟就是他从滇池中抱来的。杨灿力大，声名远播，外方来人指名道姓找他比武。那天他正在埔埔洞给耕牛刷洗身上之泥，来人问狮子山大爷行踪，他用犁头指指村里，说在那边，再问，他不耐烦地将耕牛一头头抱上岸来，来人见状大惊，赶快逃走。

杨灿，杨灿，真乃神人！

大孃孃段臣昇

段臣昇，一个男性名字，长得浓眉大眼，鼻梁挺直，唇间有些许绒毛，眉宇轩扬，气质也像男性。但她是山邑村公认的才女，老一辈尊称其为大孃孃，小辈称其为大奶奶。1921年8月出生，我访问时已81岁高龄，人缘极好，一笔好书法，使得村里家家户户谁也离不开她，婚丧嫁娶，红白联帖，但凡请到，一口应承。邻里乡亲，谁家有急难，她都鼎力相助。

清末昆明两小脚少妇，右侧的俊秀女子是段臣昇的母亲苏宝玉，滇池西岸白鱼口人氏（段臣昇 供稿）

大嬢嬢的祖居在山邑村，龙王庙与金线泉之间一栋七十年前建的老屋就是她的家。进得庭院，堂屋内一副对联透出其与众不同的家道渊源："松涛在耳声弥静，山月照人清不寒；栏外风光不古不今为好画，庭前鸟语非丝非竹为佳音"。横批"鸟鸣三春"。联帖对百年前小村幽静美丽的环境做了精确入神的刻画。这副对联是清末昆明拔贡陈庚明为其祖父故居而作的，祖父叫段以恭，号克斋，同治三年（1864年）生，中华民国十四年殁（1925年），是藩台衙门的稿公（誊写官府奏章文稿的人，类似现在政府机构的文字秘书），她的父亲是中华民国时云南省财政厅的科员，名段为霖，号雨苍。段臣昇于20世纪三四十年代在云南省师范学校附属昆华小学及虹山师范求学。抗日战争时期，因家庭困难，半工半读，曾糊过火柴盒，为卢汉的60军做过军服。毕业后，先后在昆明忠爱小学、景星小学、东升小学任教。其间，在留日知识分子陈家骥家教其子陈凯、女陈蓉学习。后又在富商郭星北家教其女玉仙、凤仙，目睹这位昆明皮具之王、"广利丰""宝丰"商号老板的义举——捐赠巨资用于修缮龙门三清阁。

抗日战争期间，她潜心学习书法与绘画，但凡有文化盛事，总观摩学习、一睹为快，至今记得1948年12月，曾到法国巴黎学习油画归来的昆明富民人氏廖新学，创作了一幅昆明西山自高峣至龙门的油画在胜利堂展出，极为精美。

她兴趣爱好广泛，对乐器情有独钟，琵琶、三弦、月琴、风琴、二胡、洞箫、古筝、小提琴均会演奏，甚至细心钻研两个月，自己动手制作了一架古筝，使用至今。女红刺绣，不像许多人，拓个花样，只管绣就行了，她偏要自己绘图打样，什么远景、中景、近景，十分讲究，非要遂了自己的心。

二十余岁在东升学校教书，课余时间，她会在附近的麒麟寺看木匠操持手艺，凿子、推刨、解具、角尺，样样都要学习，泥瓦匠镶瓦、砌墙、粉墙，她件件都想试试，一来二去，连泥工木匠也可上手。山邑村人称其为八角全的女人，无所不能，最是辣操（能干）。

四十年代的段臣昇，女扮男装，风流倜傥（段臣昇 供稿）

段臣昇在山邑村自己建盖的老屋，身后墙上悬挂的是她父亲的遗照

八十岁高龄的段臣昇,摄于她工作了几十年的景星小学大门。为建设昆明民俗文化片区,学校行将搬迁

攀上山邑村自己一手建盖的老屋,指导亲友翻修茅亭,一辈子不服老不认输的段臣昇

滇池纪事

段臣昇的年轻时代，正是辛亥革命成功以后，人们挣脱了几千年封建专制桎梏、激情澎湃之时，重大的社会变革给人们的思想观念带来巨大冲击，实行天足、妇女参政、穿西装吃西餐、出洋留学成为时尚。抗战时期，西南联大带来了全国优秀的知识精英，美国"飞虎队"官兵也将西方文明杂陈世间，新眼光、新见解、新胆识鼓荡着昆明青年知识分子的心。以段臣昇的敏感好强，她自然成为开创新风的弄潮儿。据其好友梅琼英老师回忆，20世纪三四十年代，昆明有四个女扮男装者，极其引人注目，段臣昇是其中之一，她好剃西洋男发，身着西装，头戴毡帽，模样俊俏，脚穿的皮鞋锃亮，人称"亮皮鞋"。至今，她的家中还挂着一张青春时期身着男装拉小提琴的照片，风流倜傥，谁人识得是女娇娃。她回忆起20世纪30年代，昆华小学两千多师生从昆明兴隆街步行至巫家坝机场，为奔赴抗日战场的滇军60军将士送行。学校多才多艺的教师李艺光就法国《马赛曲》填词，她们身着整齐校服，踏歌而行：

救国新兵赴战场
八千里路马蹄忙
争最后胜利
与敌共存亡
唯我战士
忠勇无双
杀敌救国
所向莫挡
前进
前进
冲锋陷阵
显我威风
和倭奴拼命
劳王师齐赴

万人观送塞路旁

三迤健儿更安昌

杀敌救国

所向莫挡

她在反复哼唱中回忆着歌词，当年激越的情景又再现眼前。

1949年，她父亲赋闲归居山邑村，曾祖父老屋已经破旧不堪，她亲自设计，带领几个匠人建盖新屋，房屋依地形坐西朝东，三开两层的正房，堂屋前搭建起一草亭，别出心裁、自成一格。每年八月十五中秋夜，龙门脚下青山明月清风，她焚香弹奏古筝，半个村的村民聚拢聆听。

段臣昇的家庭渊源是龙王庙内供奉的段氏祖先最近的一支，称为"二龙王家的"，目睹宗教盛事，她却在小村中独树一帜，不信鬼神。她说，这些求神拜佛的，其实都是为自己。真正的仁，要仁得实在，为人做实事。一次在马街赶街，一个残疾人伏地求乞，盒中放着角票，她走上前去，拍拍其肩膀，将十元钱送至手中，那时的十元钱可谓巨款了。在华山西路的敬老院中她还曾照顾过一位老人。以坦荡之心，行坦荡之事，山邑村当首推段臣昇。

她最喜花草，乐此不疲。过去，为觅得一盆好花，她会骑着三轮车，从昆明蹬回山邑村，途中在车家壁买点水解渴，略事休息而已。

当我采访她时，在开着鲜花略显局促的庭园中，她说，郭沫若说："春天没有花，人间没有爱，成什么世界。"我不由想起她与郭老就京剧《孔雀胆》的诗词应答。

噫，段臣昇，山邑村的奇女子！

西　　苑

据《昆明百年》载："1939年9月28日，九架日本飞机自广西境内窜抵昆明上空，首次轰炸昆明，以后至1944年12月，日军共出动1079架次空袭昆明及附近地区，投弹2200多枚，炸死800余人，炸伤2000余人，炸毁房屋17800余间。"

1939年9月28日日本飞机首次轰炸昆明之后，边防安全陡然紧张起来，为减少损失，学校、工厂、机关部分迁至城外。时任60军军长的卢汉，选中了山邑村北边四十多亩田地建盖了公馆，称西苑或西园。

村民回忆，公馆房屋小巧、精致，是法国式的，一些建筑材料特意从国外进口，用料极为讲究。别墅建成后，一段时间内，卢汉与其部下常在此开会，美军驻昆官兵也到此休整。公馆紧靠西山，人们就着山体上的原生洞拓建了一个防空洞，可容近百人。日机曾轰炸过公馆，因山高风大，不能贴近目标，三颗炸弹偏移，落在了北边的苏家村，弹坑深达三米。

抗日战争胜利后，西苑的战时行署功能丧失，加之此地近水，夏天蚊虫多；靠山，下午三四时不见阳光，冬天阴冷，在这儿长住的人不多，只有亲朋好友到此小住几日，公馆内空闲的大片田地仍由山邑村人耕作，日常，由几个通海河西人在此管理。

云南和平解放后，卢汉将西苑捐交政府，西苑成为省政府接待处。由于地处僻静、风景优美，西苑曾接待过重要客人，见证过国家的重要外事活动。

洪式风格的门庭，据日伪时期所建，今又改建成某单位用房。

八十年代的杨包，山上有渔民房屋，山下有人在耕种中稻包围着的菜地（稻田和菜田的交替的装置）周边的海水潮起。

20世纪50年代，周恩来总理在西苑接待了缅甸吴努总理，双方洽谈中缅两国友好关系，界定了中缅边境的基本框架。20世纪60年代初，刘少奇主席偕夫人王光美出访东南亚时，也曾在西苑作过短暂停留。

西苑，作为云南省政府的特殊接待地点，笼罩着一点淡淡的神秘。

裕滇纱厂

云南省档案馆内珍藏着昆明裕滇公司的文档,上载:"1940年,开工营业仅两年的云南纺织厂两次被日本飞机轰炸,先后中弹18枚,损失机器房屋器物约国币120余万元。"

昆明的国有中二型企业——云南纺织厂,抗战时,将滇缅贸易做得热火朝天,缅甸棉花在这里变成遍布云南城乡的农妇织布机上的纱绽。图为云纺前身,位于山邑村的裕滇纺织厂的摇纱车间(昆明市社科院 供稿)

又据《云南纺织厂·厂志》载："为防止空袭，云南纺织厂于1942年设立分厂，地点就在西山脚下，龙王庙旁，购民田22亩，由'大陆建筑公司'承建厂房及仓库两项工程，造价231万元，同年3月又收购民田建造女工宿舍，由'安建营造厂'承包。1943年2月24日试车，3月1日正式开工生产，共有工人531人。6月裕滇改组，总厂改称第一工场，西山分厂称第二工场。1945年末24台织机（10080锭）全部开足。"

20世纪的抗日战争，使山邑村陡然与昆明城拉近了距离，敌机空袭昆明后，小村南部龙王庙旁裕滇分厂的建设几乎与北边西苑同时进行。山邑村一些石匠参与了工厂机织车间加深底脚工程，几十个村民经过培训当了工人，他们见识了工业化的雄姿：先进的摇纱纺织机器设备、大型的车队和新潮的办公室。

分厂生产"碧鸡牌"纱、"五华牌"纱两种商标的商品，品种有10支碧鸡纱，10支、20支、32支、42支与付10支五华纱，共六种。产品省内销至玉溪、曲靖、蒙自、昭通，省外销至四川、贵州、西康等地。机器开足马力，产品供不应求，据档案载，女工10个月不停工休息者，奖金由每月3元增至10元。

与西苑相比，分厂的地理位置更安全，它就在龙门峭壁下，再高明的飞行员也不能涉及这山水一隅间，敌国飞行员即使看到了冒烟的工厂也无可奈何，只得恨恨而归。

但是工厂却惧怕自然灾害，山上的滚石塌方都会对厂房、机器、人员造成伤害。分厂既然建在山村，便入乡随俗，在厂旁公路上方的山崖镌刻了喇嘛文"六字箴言"以期镇山。

1949年云南解放前夕，厂方为保护厂房，在工厂南边的山坡上建起碉堡。好在完璧归赵，昆明和平解放，二分厂回到了人民手中。

1952年1月，为方便管理，二分厂由西山迁回昆明玉皇阁，与一分厂合并，称云南纺织厂，二分厂前后运作十年整。1953年2月6日，省工业厅以331号文件，将西山分厂的建筑物、财产，折价拨给中共云南省委党校。之后，旧址上有过新生机械厂即教养院。现在，分厂旧址由一个驻军单位和立德中学使用。

罗汉山大佛脚下，当年裕滇纱厂西山分厂镌刻的喇嘛文：六字箴言，以期镇山，共三块，全部就山体巨石镌刻而成

罗汉山上另一块：镇山石，左侧站立之人为村长段平贵

裕滇纱厂的护厂岗楼

坠　　机

抗日战争不仅让山邑村人认识了清华大学教授周培源一家，65岁以上的老人还对美国飞虎队将士及驼峰飞行记忆犹新。

1938年滇缅公路开通，这是当时中国唯一接受国际援助的运输线，日本为切断这条生命线，于1938年9月28日第一次轰炸昆明。这种轰炸前后持续了三年。为了保卫这条运输线、保护战略重镇昆明，中国在美国帮助下，迅速重组和训练中国空军，建立了中国空军美国航空志愿队，司令官为美国退役陆军航空队上尉陈纳德。

山邑村人在"跑警报"钻西苑防空洞三年后，就在滇池上空看到了中国空军对猖獗的日本人报以痛击。是役，九架日机被击落，这是1941年12月20日的事。

1942年，日军第15军攻占缅甸，切断了滇缅公路，为继续抢运战争物资，中美政府紧急开辟了一条自印度阿萨姆邦至中国昆明的航线。在最艰苦阶段，航线飞越中、缅、印三国，途经喜马拉雅山脉和横断山脉，航程1100公里，在险要地段，飞机要在5000米至6000米的高空作迂回起伏的飞行，状如驼峰，故称"驼峰航线"。复杂的地形，严酷的气候，加上敌机的拦截，使驼峰空运被称为"魔鬼一样的飞行"。驼峰空运持续3年，中美飞行员运送各类作战物资80万吨，运送人员3.34万人，有力地支援了东亚地区的抗日战争。但中美双方也付出了沉重代价：美军在"驼峰"空运中共坠毁各类型飞机609架。牺牲机组人员美方为1500多人，中方100多人。在这条航线上，坠毁的飞机残骸在阳光

坠　机

下的闪光，可以指引飞机一直飞向目的地。

这条从昆明向西南飞行的驼峰航线，在它的起点就面临着突兀而立的西山。战时，曾有三架飞机在此坠毁，一架在马鞍山、一架在大鼓浪、一架在山邑村村旁的罗汉山山崖。

1943年，一个月黑风高、雨雾迷漫的夜里，从昆明呈贡机场起飞欲往祥云的一架美国运输机飞临滇池，据说飞行员初来乍到，不熟地形，来不及拉高，就一头撞在龙门南边的尖山头，山邑村渔民李春祥的渔船正夜泊滇池，目睹了飞机爆炸的惊心动魄场景。

第二天，驻扎在西苑的美国陆军指挥部派出一辆吉普车，这些美国人十分勇猛、狂野，他们于陡坡险道不顾一切地往上冲，当车辆加大马力开到现雷达站附近的牛轱辘山后，便再无法前进。当地乡民自告奋勇与官兵一起前往出事现场。据段春茂、段春林回忆，山邑村去了二十多人。

坠机机头插入山体、机翅滚落到山下小道旁，一个轮子被抛到当时住在天后宫废墟旁的吴学礼家围墙外。三个美国飞行员被烧焦的尸体散落在陡峭的山岩中，境况惨不忍睹。岩壁上不着顶、下不着地，无路可攀，段天贵等人腰缠绳索从山顶垂挂至岩石上，用空汽油桶装载尸体，捆扎结实后将桶滚下山崖，其中一个运载失败，乡民只得将其极艰难地驮运下山。山下省政府派出人、车接应，善后工作持续了两三天。飞机上未被烧毁的部分罐头食品、药品以及菲力普、双狮、骆驼牌香烟，美国人将其分给了在场工作的农民。

20世纪50年代，山邑村段惠英、段惠芳两姐妹在山下割草，拾得一块铝板，上有外国文字，后来当作废品卖掉。

这次事件留下的痕迹，一是山体上的深洞，二是段家鹏的老父亲用残机滚落的废铝锻制的两个铝盆。

有村民判断，机头还在岩石里。

笔者于2015年2月21日重访山邑村，老村已然不存，龙门岩子脚现在已是高海公路侧旁的一块湿地公园，园内矗立的木牌标识为"龙门

罗汉山尖山头的美国。山崖留下的伤痕，至今裸着三名捐躯的美国战士

村民用飞机的废件锻制的两个铝盒历经五十余年，仍然完好

山邑村搬迁后，原址建成"西山龙门湿地公园"，图中堆石处，曾是村民捕捉金线鱼的金线洞

拔红的石麒麟蹲于高台，是山邑村唯一遗留的标志性物件，村人李师娘与老龙婆仍在

生态园湿地公园",一段文字作如下介绍:(该公园)东面为滇池外海、南侧为龙门村别墅区,西山紧挨高海公路……占地132亩。山邑村原有居民214户,人口512人……2009年7月搬迁,生态园于2010年5月1日动工,2010年10月1日竣工……

另一块木牌上写着"西山区四退三还龙门片区湿地建设简介"。由昆明市西山区主持,文为:龙门片区湿地位于滇池西岸西山风景名胜区前,面积19.6万平方米(296亩)。实施退人退房安置214户、512人、企业6家,拆除建筑物4.5万平方米,退田还塘71亩,建设截污管3.5千米,实现片区污水全收集无污染;2011年进行湖滨湿地建设,栽植滇朴、水杉等乔木7200株,鸭脚木、红木、继木等灌木、地被44万丛,建成绿地9.1万平方米;湖滨湿地6.2万平方米;2013年拆除防浪堤901米,恢复水域40亩……

在山邑村北原莲花塘("西苑"北)一带新建的小区内,笔者再访当年陪同我考察(小黑龙洞)的朋友罗桂芬(78岁)、杨竹芳(74岁)与史品香(72岁)、苏自仙(66岁)等原山邑村村民,了解老村拆迁安置梗概:现在山邑村人主要居住"跃龙门""新村"两小区,也有入住邻村苏家村"兴禹小区",还有二十余户原在大石岩老公路临山居住的未搬迁。

原生活于西山老公路(史上称"走夷方"马道)一带的村子因高海公路建设而搬迁的居民大多入住附近的新建小区,少数进昆明城购房居住。他们的谋生手段根据山邑村人介绍:打工的多,有当保安、守山、开车、房屋出租等,还有二十余户在大石岩未搬迁者,延续原开饭馆的营生。

山邑村的石麒麟矗立在湿地公园大门口,成为老村地标的唯一纪念。

这个在龙王庙保存元朝段功与梁王恩仇文化记忆的小村,这个被明末地理学家徐霞客旅游考察记录在案的小村,这个为龙门、三清阁以及千步岩石阶开山凿石、奋不顾身的小村,应该被昆明人铭记于心。

坠　机

图左起：罗桂芬，杨竹芳，史品香

（她们是山邑村原住民，曾陪伴我考察千步岩、小黑龙洞的

老姐妹们，现入住村北"跃龙门"小区）

滇池中隆起的大山

三百万年前,喜马拉雅山造山运动的伟力,将云贵泽地拖拉抬高,西山从滇中古海拔地而起,古滇泽被抛下千米。遥想当年,火山喷发,地震震撼,轰轰烈烈,何等奇伟,当一切沉寂下来,只剩山顶岩层海螺化石白色的躯壳,静静地纪念着那场巨变。

罗汉山东侧,千米山体如被神器刀砍斧斫一般,这里悬崖壁立,红色玄武岩裸露出一片血色,大山与大湖直面以对,再无遮拦

滇池中隆起的大山

西山地处昆明城西十余公里，它北起碧鸡关，南至观音山，是山连山、山叠山的山脉。昆明人熟悉的西山，是它的沿湖带，即与草海相伴的碧鸡、华亭、太华、太平诸山，和与滇池相接的罗汉山、大青山等。诸山中，以罗汉山最为险峻奇伟。群峰在此形成直奔滇池之势。

这里是西山旅游的精萃。人们慧眼识珠，早在六百余年前就在这里进行人文资源开发。它是从元代梁王建避暑山庄开始的，接着是罗汉寺、三清阁、云华洞、慈云洞、龙门达天阁，代代相继，凿石不辍。亭台楼阁、摩崖隧洞，不计其数；道教佛教、殿堂寺观，层出不穷。六百余年的人文财富，堆积得层层叠叠，令人目不暇接。明代，文人将龙门南边的悬崖称为"挂榜山"，意为鲤鱼跃过龙门，就是金榜提名之时，把封建仕子最高理想托付给了神山。

金榜题名时，鲤鱼跃龙门，是世代读书人的梦想，古今通例。滇人让神山为读书人祈福

欢乐西山　三月三

年年有个三月三。
约上我的七姐八妹坐着小船漂不龙咚，漂不龙咚耍西山。
姐姐呀，
(咯是) 我们出大观楼，过马街，来到西山脚，
下了小船说着笑着，手拉手，手牵手，
上了三千三百九十九蹬小石阶。
转个弯弯，倒个拐拐，
来到三清阁，
耍耍石龙，石虎，石板凳，
还有他们喊的十大将军，
经过孝牛井，
又上台阶，
穿过石洞，
到了龙门，
只见魁星站石台，
手拿朱笔笑颜开，
寿星老倌骑白鹤，
五彩祥云现出来，
转过身来往下望，
五百里滇池在眼前，

只见水连天，天连水，
田园村舍如图画，
小船漂漂顺风来，
姐姐呀，
咯是人在龙门眼界开。

——云南花灯《耍西山》

每年农历三月三，是滇池、西山、山邑村龙王庙联系最为密切的一天，是天地人最为亲热的一天。

这一天，滇池周围之人，城里人乡下人、山里人水边人、老人小孩男人女人，不约而同，千千万万人来到罗汉山赶庙会耍西山。知晓这一民族文化内涵的，或者本身就是文化圈内之人，三月三早晨的活动必定是从山邑村村边烧香路开始。

人们顺着小巷，踏着刻刻（土语，意块块）青石板来到龙王庙。从四方赶来的端公师娘，小村当庙之人，卖香烛纸钱的，拂晓便恭候在此，迎接烧早香的心诚者，俗称早上第一炷香神力最大。过去，一些为了不误时辰的香客，甚至背着被褥铺盖在龙王庙大殿过夜。接着三三两两，人越聚越多，天大亮时，小巷已经挤得水泄不通。人们从前殿的观音、阿白老爷、杨氏将军；大殿的龙王、八个相公、七个姑娘；后殿的关公、周仓顺序供起，一个都不少。求子的妇女身着鲜艳的衣裳，来到娘娘殿祭拜，养着大牲畜的来到猪神殿拴草绳，打鱼为生的到飞将军鱼鹰小殿烧香。众心同愿天地祖宗、滇池之神保护家庭幸福，儿女清洁。

神事刚结束，人事接着来。在以滇池为大背景的古戏台上，从四方邀约而至的民间艺人，上演着滇剧、花灯调子、洞经等一出出传统好戏，如滇剧《杨门女将》《打瓜招亲》，花灯剧《蟒蛇记》《瞎子观灯》《大茶山》，等等，演到精彩处，人们阵阵喝彩，摩肩接踵、雀跃异常。晒场上、小巷内、牌坊前，锣鼓响起，唢呐吹起，一阵紧似一阵，舞狮的、

农历三月二十三日凌晨，拜神的人从四面八方来，不多一会儿，山下已聚集了密密麻麻的人群。

庙会一定是约定俗成的民间交易会，而且其符合当地民众的口味及需求。

平时已十分少见的拼糖画，在庙会上，还可得见。买者出钱转圆盘，让运气带给你游鱼、孙悟空或别的什么，是一种游戏

拉起二胡摆起摊，觅得知音来成交

漫步其间，忽想起《五灯会元》中的一则禅林公案：僧问马祖："如何是佛？"祖曰："即心是心。"这种特殊的公案随着时代的变迁早已随身带到田间、树林之中是不见了。后来，只好移植于纸上、树上、花丛中。20

耍龙的、踩高跷的，还有颠毛驴、秧佬鼓、板凳龙，人们纷纷舞将起来，欢乐西山这时进入高潮。头晚就从昆明、呈贡、晋宁、海口、玉溪赶来的商贩，各自占据有利地形，支起凉篷，搭起锅灶，摆好桌椅板凳，将孩子最爱的兰花糖、牛屎糖、小泥猪和妇女最爱的洋布、丝线、花围腰、绣花鞋一一展示在人们面前。捏泥人的、做糖画的、拉二胡的，现场表演，用娴熟技巧吸引人们。在凉米线、抓抓粉、大理粑粑、臭豆腐烧烤摊前，人们坐着蹲着站着，扑索索吸啜着，有的被油辣椒辣得连连吸气。

上午十一时左右，耍西山的帷幕正式拉开。山坡上、丛林间，红的黄的白的蓝的紫的马嘟嘟花、牛耳朵花、响铃花、马樱花、迎春花、映山红，竞相开放，小鸟在树林中歌唱，松鼠在草丛中张望。欢乐的人流向山上进发，顽皮的孩子骑在父亲的肩头，孝顺的媳妇挽着婆婆，硬朗的老太拄拐而上。缓坡的花前柳下早被一些年轻男女捷足先登，他们对歌唱调，谈情说爱。

三千三百九十九磴小石阶，阶阶整洁光滑，人们攀登数百磴台阶，首先来到镂刻着"千步岩"三个大字的巨石平台，上有持节汉使王褒的"移金马碧鸡颂"，是隶体书刻的，这是明代杨慎居高峣时，于嘉靖二十五年（1546年）请友人绍芳刻的，直行，共72字。年长日久，字迹剥蚀，后人复刻之。其旁有民国袁丕佑增刻的《碧鸡颂考》一方。有文化品位之人会在此地停留片刻，细细辨认颂词。

  汉持节使王褒，谨拜南崖。敬移金精神马，缥碧之鸡：
  处南之荒，深溪回谷，非土之乡，归来归来！汉德无疆！广乎唐虞，泽配三皇。黄龙见兮白虎仁，归来归来！可以为伦。归兮翔兮！何事南荒也。

这应该是汉文化对西南夷最早的呼唤，可惜当时滇地没有文字无法交流，没有应答。史载公元前109年，汉武帝派兵征服滇池地区，而后在滇池东岸建谷昌城，于南岸晋宁县设益州郡。

滇池纪事

滇池周围农村老妇身着的老人服，只有在庙会乡场才能购到。这种服饰与江南乡村的传统服装一样，在抗战时期已经流行，不知是何年代随移民传入

尔后分分合合，若即若离。庄蹻古滇国、蒙氏南诏国、段氏大理国，悠悠两千年飘忽而去。元代至元十一年（1273年），忽必烈改鄯阐（今昆明）为中庆路，派赛典赤·赡思丁任平章政事，云南正式成为中央王朝的一个行省。

巨石旁，一些循章法古之人在撑腰石上挂撑腰香，滇中有习俗，大凡奇石、古木、神圣之地，都有人将生香弯曲成弓形，撑持在缝隙中，据说可以治腰酸背痛。

过了刻石，一路南上，曲曲折折来到张仙殿，殿门口，列于山道两侧的石缸内盛满糖水，众人可以免费享用，这是有钱人捐的功德名"赐糖水"。20世纪中期曾有一张姓道人在此主持道观,张道人是西山最后一位主持道观的道士。道观规模不小,有前殿、中殿、厢房、道堂,背后山崖处有饮水牛井。道士每天夜半起身点着明子上三清阁,沿途给几十尊神仙添油上香。他熬得一帖骨伤好药,每逢街子天,便拄着竹竿,顶端拴只药葫芦,背着膏药,悠悠地往碧鸡关前的鸡街和马街而去。大约在20世纪五六十年代,道士羽化而逝,道观无人管理,极快衰败,仅剩断壁残垣。

三清阁有道士驻守的历史长达数百年,这期间,一代代

前人种树后人乘凉,祖先拓下千步岩,儿孙后代来享福

天师、方士、道人、道姑、童子是怎样守住清贫、忍耐寂寞、起起落落的呢?我寻访到了一位老人,他叫张宗亮,生于1923年腊月二十一,自称是龙门正派二十三代后学弟子。他童年时父亲早逝,母亲改嫁,八岁时出家到三清阁,拜道士李智深为师,做了个端茶送水清洁道观的小道童。后来昆明真庆观与三清阁起道家门宗之争,三清阁被真庆观赵、晋等道士占据,十三岁的张宗亮流离失所,先寄住于东寺塔附近的三皇宫,后由其师叔——被逐出山门的三清阁道士杨智深,将他转托给翠湖边的轩辕宫住持,临走交代:师叔报名参军去打日本鬼子,回来后再来接小徒弟。

谁知一去杳无音信,估计已经阵亡。他又随师公孙志和流落至嵩明白邑黑龙潭寺。20世纪50年代因避嫌于反动会道门"一贯道"与"白

距西山龙王庙南十余公里的观音山庙会，人们在寺庙石墙挂"撑腰香"，两面墙体全部撑满，可见患腰椎病的人之多

观音山庙会上，人们在两棵挺直的柏枝树上按逆时针方向"缠红线"，祈祷婚姻美满幸福

欢乐西山　三月三

羊道"而于1955年落发还俗，结婚生子，有了二子一女和孙辈，明知昆明道教已无任何指望，却仍然难以忘情，他束椎髻、穿道服、吃素，临摹诵读经书，用正楷繁体字抄写经书几大本。闲时，爱读《隋唐演义》《三国志》，藏书几大箱。他说，这些是自小的习研爱好，不能丢。当我给他照相时，他摸进里屋佩戴道巾，已是习以为常的样子，即便拍摄他与老伴的合影，仍然一个是道士装，另一个是当地农妇的着装。

据张宗亮介绍，他知道的三清阁道士是住持李智芳、道士杨智深、陈元清以及他本人。还有先辈杨本翠、赵智海、王永龄、李元奎、冯明汉等。我想，张宗亮应是三清阁道士群健在的最后的一位见证者了。

当年三清阁小道童张宗亮，现已垂垂老矣，仍寄情于道教，精神矍铄。由于经常温习道教的古汉语，乡间学生教师但凡有疑难字，都会向他请教

想不到这个立足于中国本土文化的宗教竟凋零至此。昆明曾经有过的道观真庆观、龙泉观、金殿、三清阁，如今只剩下一座座堂皇的躯壳。在当今云南，人们大约只有从洞经音乐中才能领略到当年道家庆典礼仪诡秘而缠绵的氛围了。

再上数百磴石阶，左侧就是大佛殿，这是紧靠着罗汉崖的一组寺观，过去曾有大殿菩萨、亭台楼阁，大约百年前衰败。

又上几十磴石阶，右侧高台就是"如意观"，这是一个有点来历的道观，原名"如意院"。清咸丰三年（1853年）龙门修成时，就是由如意院住持何玉之出面镌刻了"新开云华洞达天阁捐输功德题名碑记"，记载"七省众县花号，三元宫"以及许多善事者捐款拓展龙门的盛况。石碑立于凤凰台旧石室，后来不知是因天灾还是人祸，曾经风光一时的道观，只剩下一块空地。

95

滇池纪事

张宗亮与老伴在一起

序幕结束，正剧开始。又上几十磴石阶，欢乐西山的精华，"三清阁龙门"就在眼前，只见一系列道教宫观，临空倚崖构建，美轮美奂，如玉宇琼楼，镶嵌于罗汉绝壁。人们一鼓作气，一层又一层，九层九重天，攀上了"灵霄宝殿"，随后又穿行于蜿蜒曲折的洞天栈道，洞内石梯石壁石篱石栏，洞外青天流云艳阳轻风，匍行百米，抬眼一望，那蜚声世界的西山龙门就在眼前。

数十年前，人们登临龙门，首先映入眼帘的是从昆阳到昆明的大船船队扬帆鼓风而行，络绎不绝，把滇池装点得生机勃勃。蓝天之下，但见海鸥翱翔，渔歌唱晚，炊烟缭绕，阡陌纵横。此情此景，令风华正茂之人，不由自主地坠入李白诗仙的狂放意境："人生得意须尽欢，莫使金樽空对月。"失意落魄之人，则会展愁眉开心颜，将心中感伤块垒一并交与东风去。

现在，登临龙门，那洋洋洒洒的浩然之气还有几分，艳阳轻风流云尚有余韵，但滇池的碧波渔船帆影不见了。只见湖水泛着碜人的青绿色，那一片片漂浮着的海藻像癞疤疮一样抢眼。远观昆明城池，如五百里滇池奔来眼底的，是钢筋水泥森林，欲与西山试比高。环顾左右，登山索道从海埂徐徐而来，小汽车中巴车大巴车从高峣呼啸而至，借助于机械马达人们蜂拥而来，到达龙门石窟，多数人又取原道折回，令崖体承受双重压力。山顶的临虚阁旁，有山邑村人称为罗汉石尖的座座群峰，每逢节假日，男男女女、老老少少相携登山，每个山头都有人驻足观望，指点河山。西山在现代人面前何险可恃。

天籁美景，是因为与人保持了距离。人们亲昵戏狎，山将不成其为山，何况神性西山乎？滇池已毁于人们的轻漫，难道下一个该轮到西山了

埋葬着张宗亮师父孙智和遗骨的"道士塚",现已围入小学校园。每当张宗亮背着小背箩来祭奠师父的时候,小学生们便列队围观,仿佛观隔世之人

罗汉寺遗址,村民曾称大佛殿,最早称为海涯寺。在明末《徐霞客游记》中被多次提及,它曾是南庵、北庵两组寺观建筑的中心点

吗？三清阁龙门，这经历了七百余年的自然人文美景，却已有变色之虞。

一首古联悬挂于三清阁，个中风韵情趣今人能得几许？

"半壁起危楼，岭如屏，海如镜，舟如叶，城廓村落如画。况四时风月，朝暮晴阴。试问古今游人，谁领略万千气象？

九秋临绝顶，洞有云，崖有泉，松有涛，花鸟林壑有情。忆八载星霜，关河奔走。难得迟栖故里，来啸傲金碧湖山！"

如果说西山南边的罗汉山自下而上主要是道教的博物馆，那么北边的太华、华亭两山则集中了佛教精粹。

欢乐西山，三月三，一些人最后的节目是膜拜佛祖。

从山腰"千步岩"石刻处，往右侧一条石阶道攀登一小时许，就到了太华寺。太华寺距龙门两公里，古称佛严寺，建寺已有近七百年的历史，寺内藏有一块元代石碑，上面记载了开山祖师玄鉴的生平和建寺情况。玄鉴，字无照，生于元至正十三年（1267年），云南曲靖普鲁吉人，俗姓高，六岁出家，入安宁虎邱寺，拜云岩净和尚为师，十六岁受戒，二十多岁离开云南云游四方，至黔、荆、楚、吴、越，书称"吴山楚水，两脚踏穿"。后到浙江天目山礼拜中峰本祖，学习禅宗佛学源流。元大德七年（1303年）学成返滇，先后在正法寺、安国寺演讲禅宗哲理。元大德十年（1306年）太华山佛严寺建成，梁王甘麻剌礼请玄鉴为第一任住持。

太华寺建寺七十余年后就遇上改朝换代：元亡明兴。明朝镇国公沐英及其后代将寺庙作为其王室宗庙，寺内藏有沐府历代王画像，沐家为此捐资建盖了碧莲室、思召堂、一碧万顷阁等。至清康熙二十六年（1687年），三藩之乱平定后，太华寺重修，大殿内铸铜观音32相，增建大悲阁，第二年总督范承勋拆吴三桂王府，将木石运至寺庙，重修一碧万顷阁、缥缈楼。当时，太华寺是西山最大的寺院。

太华寺与众不同之处在于，明代对其呵护有加的沐英及其家族是穆斯林，据《明史·沐英传》载，沐英字文英，安徽定远人，回族。父母早丧，幼年时被明太祖和孝慈皇后收为养子，改姓朱，年满18岁时，"始命复姓"，沐英奉命镇守云南，其后沐家十二代世守云南，历经三个

古朴庄严的太华寺大殿，两排整齐的灌木，将中国佛教建筑的对称美诠释得历历在目

太华寺园林。七百年前，其开山祖师玄鉴和尚赴浙江天目山学习佛法，将苏杭假山、亭阁、曲径、回廊的园林艺术也带回了云南

太华寺山门外的玉石牌坊，是吴三桂王府的旧物

太华寺山门外一株古银杏，传为明建文帝手植。开春，它又会绿荫蔽日、生机盎然。在《徐霞客游记》中也有提及

世纪，与明王朝相始终。一个穆斯林家族如此倾情于佛教寺庙是十分罕见的，这与其养父母信奉佛教极有关系。沐英是在以昆明太华寺思召堂作为其与朱明皇族维系亲情、交流情感、表达忠诚的。由于沐家，太华寺又与明建文帝的诸多传说密切相关，据说建文帝是由沐家将其悄悄安置在太华山先后五年（公元1406—1411年），建文帝栽种了一批花木，至今山门外一棵葱绿的古银杏下还立有一块"传为手植"的石碑。以沐家与明太祖的至亲关系，这是可能的。后来建文帝又云游至武定狮子山"正续寺"，寺中有诗描绘了这位沦落的天子龙种的凄凉情态："漂泊江湖四十秋，萧萧白发已盈头。乾坤有恨家何在？江海无情水自流。长乐宫前元气散，朝元阁上雨声愁。青蒲细柳年年绿，野老吞声哭未休。"如果真是这样，那么这位流亡的皇帝确是始终未得佛家遁出红尘的真谛。

太华寺在数百年间时时得到王族贵胄的垂爱关顾，在昆明寺庙中曾独步一方。现在，随着王者之气的飘零消散，太华寺成了一座废寺，它仅是森林公园的一个景点而已。

太华寺历代住持灵塔，也称和尚坟

从太华寺沿太华古道北行一公里，就到了华亭寺，华亭寺古称"大圆觉寺"，建于元延祐七年（1320年），第一代祖师为昆明筇竹寺洪镜雄辨法师的高足弟子玄通元峰。后兴衰更迭。据寺内碑刻记载，20世纪初，华亭寺和尚已在靠卖庙产田地过日子。1920年，湖南僧人虚云和尚应云南督军唐继尧邀请来寺住持，为云南护国护法起义阵亡将士超度，募款再次大修华亭寺，寺庙建筑面积达一万二千平方米，自此，华亭寺名声大振。

与太华寺有许多王家秘闻不同，华亭寺积淀了云南各民族名人文化，犹如陈年佳酿回味无穷，如天王宝殿楹联是明代著名学者和文学家杨慎的诗："一水抱城西，烟霭有无，拄杖僧归苍茫外。群峰朝阁下，雨晴浓淡，倚栏人在图画中。"弥勒佛龛楹联是清乾隆时弹劾和坤的钱沣（昆明人，乾隆三十六年进士，历任翰林院通政司副使，提督湖南学政，江南监察御史）所作："青山之高，绿水之长，岂必佛方开口笑。徐行不困，稳地不跌，无妨人自纵心游。"大雄宝殿楹联是中华民国时昆明士绅王炽的诗："收起闲愁，且听大海潮音与竹韵松声互答。涵来妙相，试看中天日影映山光水声皆空。"最得佛门虚幻空灵的还是虚云的诗："城市不相关，几阅桑田几沧海。胸中何所有，半是青松半白云。"

华亭寺彩塑群颇有名，其规模气势，在昆明仅输于筇竹寺。华亭寺彩塑共有五百余尊，全系油彩泥塑，制作年代由清代光绪至中华民国二十年（1931年）不等，殿内五百罗汉栩栩如生、极尽变化，并有坐骑两百余躯，法器三百多种，尤以大殿背壁观音堂内十八罗汉雕塑技艺最精，山门金刚雕塑时代最早，成于清光绪九年（1883年），高3米，跨金睛猛兽，威风八面，曾于20世纪20年代收入日本出版的《世界美术大全》。

华亭寺贴近民众，贴近生活，其雕塑艺术及宗教生活很有生气。寺内二当家安荣师父领我观看大雄宝殿药师佛，其莲台须弥座上曾雕塑一列火车奔驰在滇越铁路上，应是20世纪20年代的作品，辛亥革命新风吹入古刹，可见当年昆明新经济新思想新风尚风头之劲。可惜此佛像毁于1995年火灾，新塑的像取消了此创意。天王殿内密迹二金刚一手持佛

华丽活泼的华亭寺，晨曦中，两棵经霜的银杏发出金光，令"天王宝殿"充盈温馨祥瑞之气

华亭寺全盛时，僧侣们使用的大铁锅

飞檐与华亭山媲美的藏经楼，令华亭寺凭添了几分书卷气

门法器金刚杵，另一臂却套道教法器金刚琢，佛道相融是西山宗教的特点。寺庙另一老和尚智慧师父告诉我，1935年腊月，寺内养的大白鹅参与众和尚上早晚殿，大雄宝殿内的一首楹联记载了这个典故："梅菜放莲花，青白争辉，脍炙远近朝山客。鸡鹅悟佛果，始终向上，惊醒多少孽海人。"

早晨观看华亭寺别有一番风景，但见旭日东升，巍巍华亭山蒸腾着淡淡的雾氤，整修一新的雨花台藏经楼五方佛殿沐浴在阳光中，一片金光。

因着华亭寺的世俗，也凭借近代西山改道后的交通便利，眼下，它是西山香火最旺的寺庙。

西山上的佛事，附近一座寺庙要开光，僧侣们身着礼服，前往颂经祝福

三月三，欢乐西山，山光水色道堂佛殿，人声鸟语意趣盎然。明朝状元杨慎在他的《滇南月节词》中描述过这般美景："三月滇南游赏竞，牡丹芍药晨妆竞，太华华亭芳草径，花钿钉，罗天锦地歌声应。"真是古今亦然。

2002年农历三月初三，游众达十万。

劳作西山　山民眼中的西山

俗话说，一方山水养一方人，对长期处于自然经济形态下的山邑村，西山曾是他们的衣食父母。只是这座大山，或云蒸霞蔚，或烟雨缭绕，分外神秘莫测。

"横看成岭侧成峰，远近高低各不同。"西山从东部十数公里外的呈贡隔水观之，其正面形象若"睡美人"，连绵群山将美女组合得秀发飘飘，身材颀长。她扁平的胸部倒有现代瘦身美女的风韵；从北部马街、高峣观之，其侧面形象若巍巍坐佛；从罗汉山脚近观，山邑村人却将她视若一头蹲伏着的巨狮，这头狮尾在高峣，头在龙门，昂然雄视百里滇池，太华山附近的一个岩洞是狮的屁股。经年累月，人们在除夕之夜在龙门亮灯，大红灯笼一挂，村民说，狮子的眼睛亮了。

关于西山有种种说法：

据段家鹏的看法，西山是一头困顿的狮子，山上山下两条公路如两条绳索将雄狮脖子四足羁绊。他讲了一个故事，大约在1943—1944年，一天，他正在挑水，一个长发飘飘的老道拄着拐杖走来，他先看看村子，又端详西山，连说可惜啊，可惜！这村人，当兵出门都会平安，但大官当不成，大富也没有。

家鹏想想，有道理，抗日战争滇军血战台儿庄，死了多少人，但小村去的四五个人全都平安归家，外出打工谋生的也如此。新中国成立后，只有一次例外，村民段超参军，在对越自卫还击战中牺牲成为烈士。可与附近村子相比，小村少有大富大贵之人。

飘逸的西山"睡美人",为昆明山水凭添了多少灵秀

身着老人服的山邑村村妇,她们身后的罗汉山像一头雄狮

罗桂芬却说，西山是福山。曾有一个外乡人说，西山是宝山，山中珍宝把山体都烧红了。

几年前，一位笃信易经阴阳学说的台湾商人在西山流连忘返，他被这儿的风水迷住了。

西山在众人眼里，恐怕有千种仪态、万种风情吧。

山民怎样仰仗西山，西山如何养育山民，我邀小村人走了一趟西山脚，攀了两趟西山顶，各种传说故事如潮水般扑面而来。山脚海边，由北而南，经过原裕滇纱厂，故事就多了起来。

罗桂芬指着罗汉山半腰处，那是绝壁坍塌的岩石经过风化形成的缓坡，缓坡与陡崖的交界状如罗汉山的腰带，绵延南去，那儿有一条小道，她如数家珍地报出一串地名：上马路、大牛井、蜜蜂窝、小柳树、大脑脑、小脑脑，还有天后宫上的贡献石。名字的缘由已经说不清，每个名字都联系着祖先的一段生活经历。

接着是尖子洞（当地土话，即煤洞），山体上有几个洞穴依稀可辨。民国时有一个富家老二雇人在此挖煤，挖出的煤粉又黑又亮，质量上乘，拉到南边石灰窑制成煤饼当作燃料。山体内曲曲折折的洞穴有一二公里之深，引得山体时常坍塌，政府遂令禁止。

半道上有双石门遗迹，这是西山自然延伸下来的山体，像两道石门挡住了南去的路，过去这是丢弃死婴的地方，人们侧身而过，后来修公路时被炸去。旁有土锅石，像一个巨型土锅倒扣于水中。这个地方曾和一个悲惨的故事相联系：旧社会，裕滇纱厂一个女工怀了孕，按照厂方规定，女工凡怀孕生子，一律解雇。她为了保住饭碗，用布带勒住腹部，不让隆起的肚子暴露自己的秘密，直至在大石旁产下死婴，她在土锅石上洗净身子去厂上班。这个故事在新中国成立后作为资本家残酷压榨工人的典型而作了展览。现在斯人已逝，土锅石亦早已不知去向。

在尖山头，山体大石上有一道道凿出的横竖相间的杠杠（即条痕），这是"槽子邦"，是山邑村石匠划定各户采石的界线标志，有如田地中的"埂"。这儿采出的是青石，南边小倒山出产的是质地更佳的白云石。

劳作西山　山民眼中的西山

山脚的采石场有数千平方米，人们在此终年忙碌，除了山邑村石匠，还有临近的晖湾、小鼓浪，远处玉溪、江川的石匠来此帮工。人们将炸下的石头打成条石、方石、石板，就着旁边的水码头将石料装船运往篆塘、昆阳、四河六坝、上下几村，承载二三十吨的大船少时二三十艘，多时一二百艘。码头名"岸口"。

老沙头沙滩，由大倒山坍塌的沙石堆积而成，人们因势筑就池塘，现在是航空疗养院

再往南，就是山邑村南边的地界：大倒山猴吃水。这儿曾经发生过许多次惊心动魄的山体坍塌事件。中华民国元年（1912年）的那次山体"大倒"，小村石匠还能叙述得绘声绘色。脱离母体的巨石如天塌般砸下，直入滇池，滚石激起的巨浪竟然横越滇池，冲向大观楼与六甲，滇池被冲下的石头泥沙覆盖了数十亩，形成的沙滩叫"老沙头"，人们花费了数年的时间才清理完倒下的石块。据六甲乡老人回忆，这次"倒山"在夜间，是收谷子的季节，巨浪将各家收割后晒在田中的稻谷裹挟入滇池，再也分不清是谁家的。大倒山中经1930年、1939年两次小倒，1942年又是一次大倒，这次留下的记忆是：呈贡农民看到西边几丈高的

浪头，像大楼一样扑过来。巨浪从斗南村、江尾村上岸，直冲了三四里地才罢休。死伤者无数。

我翻阅有关史料，罗汉山倒山古已有之，留下的记载是：明神宗万历二十九年（1601年）十一月，昆明罗汉山岩崩。明熹宗天启三年（1623年）十一月，昆明罗汉山崩三十余丈。至于没有载入史册的"倒山"，不知还有多少。

老沙头沙滩，先是国民党政府在此建感化院，新中国成立后曾作教养院，现在是美丽幽静的航空疗养院。

"猴吃水"名称的缘由，是崖上一块石头状如石猴，它倒悬着若喝水状，几年前，猴头猴尾相继滚落，石猴消失，只有"猴吃水"的地名还会代代相传，令后人不知就里。

这儿曾有人烧过石灰，有中窑、上窑、下窑。

西山大小倒山采石烧窑的历史截至20世纪80年代，自此，山神稍安，数十年未闻倒山。

过去，西山是伐柴人的天下，不过不是樵夫，而是樵妇。男人打石头，女人及半大孩子则漫山遍野寻柴而去，山崖边、溶洞旁、小石林处，只要有柴火，几乎无处不去。有割茅草者从山崖滚下丧命的，且不止一人。砍得柴火煮饭家用有余，卖给船上人。西山顶最令我神往之地有两处，其一是"小黑龙洞"，其二是"天灯一盏"。这里有关于山民农耕和滇池夜航的故事。

在一个风和日丽之日，小村六七人陪我循迹小黑龙洞。微型面包车将我们直送到山顶猫猫箐。箐，山沟也，其实西山顶是块不小的台地，海拔2400余米，上面有猫猫、马鞍、赤松坪、狮象四个自然村落。"马鞍"与"狮象"得名于山形，"赤松坪"得名于地产，"猫猫"之名记载了山顶曾有大型猫科动物老虎、豹子出没的历史，山上人说，20世纪60年代以前还曾见过花豹，自昆明钢铁厂在安宁驻扎以后，西山顶成为孤山，花豹没有了迂回逃遁的地方，再不敢深入险境，遂绝迹。昆明西边的山过去曾是动物的乐园，从一些地名，诸如：豹子圈、豪猪洞、凤凰田就可略见端倪。

山顶有人口约两千人，土地约两千亩，粮食主产苞谷、荞麦、洋芋，经济作物有藠头、香椿，其生产的藠头十分有名，据有关资料称，1935年就参加过香港的一次食品博览会并获得奖品。人们的收入来源，除了土地收成和时令特产外，有的人家在龙门经商，有的开中巴车跑西山—海口—安宁线，有的开办"农家乐"饭庄，户均收入每年有五六千元。农户大多来自东川、宣威的贫寒地区。

山上有树林、水潭、溶洞和几个秀美的山包（山上之山）。人们到这儿来观赏高山，领受清风，品尝原生态的山茅野菜，更有别出心裁者：在山顶放风筝。看风筝像精灵摇头摆尾飘逸留痕，其高、其俊、其阔、其野，昆明坝子无与伦比。

从猫猫箐往南走，先有田地树林，走牛车的土路，后来就是棘丛石堆和牛羊趟出的畜道了。不远处，是隐藏在山洼乱石中的溶洞"大枯井"，它通向西山暗河，其深无比，扔块石头，久久才闻回音。洞中曾生活过一群野猴，它们援长藤上下，十分顽皮聪明，常到太华寺偷吃供果，一次偷走佛器——钹，在洞口模仿和尚举动，令追来的和尚忍俊不禁。

行数公里，来到"锅底箐"。事先，听人说这是火山口，眼前，只见成片的白石如菊花状有序地从底部向外发散，不经意一瞥，像极低头啃草的羊群。整个凹部十分圆润，确似巨大的锅底。这种特殊的地形地貌在山顶有两三处。

再南行两公里，就到了此行的目的地：小黑龙洞。这是一个小水洼，水面约0.5平方米，但位置奇特，它的方位应在大倒山猴吃水右侧距山顶数十米的崖体上，离滇池水面总有三四百米。水洼终年不盈不涸，看似不深的洼底有柔长的浅黄色青苔，上下左右是自然围护的岩石，周围有茅草与灌木，洼口的岩石上有七八道清晰的印痕。村民说这是黑龙进出的爪印。我本想折根树枝试试水洞深浅，同行劝阻，说是圣地不可造次，也就作罢。

西山顶部的锅底箐，白石像波涛，又似啃草的羊群

西山小黑龙洞，地处400多米高的山崖上，300多年前的《徐霞客游记》便有记载

黑龙洞爪痕

人们在小黑龙祠前虔诚膜拜

西山上空的流云自由奔放，令人产生无限想象

引领我探幽小黑龙洞的人们。前：段家芝；后（自左至右）：段建春、段惠英、罗桂芬、李春云、杨竹芳

这是另一处有关龙王家族传说的地方。距水洼上方七八米的山洼中，有一个用石块和水泥瓦搭就的小庙，高约1米，长2.5米，宽1米，十分简陋，这是小黑龙庙，其中有五六个小石人站立着，雕塑得十分粗糙，同行妇女虔诚拜之，不知为何，以9为序，至少磕9个头。跪拜者还有口中轻轻祈祷着磕18个头的，她说，不仅为自家，也为已另立门户的儿女们。

我们坐在西山顶歇息，看天空云卷云舒，滇池潮起潮落，远处，昆明城高楼在阳光下闪着微光，眼底高海公路上的车流如甲壳虫群在爬行。

人们向我叙说着小黑龙的种种故事。

传说潭中曾有金海菜、金骆驼、金马、金狮这些镇洼之宝，被美国人偷走后，水洼曾一度干涸。这个传说应为时不远，第二次世界大战时期，一些美国士兵在西苑驻扎，说不准这些好冒险的外国人骚扰过小黑龙洞，致使水洼干涸，农民恐慌。

在西山一线的农耕时代，人们对小黑龙的礼拜曾经十分隆重，每当农历五六月插秧时节天久旱不雨时，各村轮流来此祭拜，山邑村会派出童男童女各一人，他们光着上身，翻山越岭来到这里背黑龙和娘娘回村供奉，下了雨再送回。有时走到半道就下起雨来。

有一年天旱得实在厉害，猫猫箐人曾宰猪羊祭祀。

过去的三月三，不是刮大风就是下大雨，曾经还下过大雪，这是因为龙王去接自己的老伴，据说黑龙娘娘被金殿后山的小白龙掳走，黑龙每年要去讨回娘娘来过节，白龙如若不允，两龙打架，瞬间滇池上空黑风暴雨，金殿那边白花花的冰雹打将下来。在滇池地区，这些自然现象曾经是常见的。

至于村内龙王庙的龙王老爹与西山的小黑龙到底是何关系，我至今没有弄清，只知前者是段氏祖先崇拜，是护村护民的；后者是自然神，是护山护乡的。这些神灵，陪伴着农民一生一世、一代一代，人格化、人情味的山水让山民胆气更壮、底气更足，战胜困难不幸时勇气倍增。

西山顶的小黑龙传说也有相当历史了。徐霞客游太华山时就留下了如此记载："上山返抱一宫。问山顶黑龙池道，须北向太华中，又南转。

然池实在山南金线泉绝顶，以此地崖崇石峻，非攀援可至耳。"当徐氏千辛万苦攀至海拔 2511 米的太华山绝顶时，他并没有到达黑龙洞，而是"东下二里，已临金线泉之上，乃于耸崖间观黑龙池而下"。因此，三百余年前的小黑龙洞是何等模样，我们不得而知。

"天灯一盏"又叫"油盏"，在罗汉山北美人峰下。段惠芳年轻时常在山上砍柴，做生意，路径极熟，然而西山数十年的封山育林，山上松树茂密，荆棘茅草疯长，小径已被湮没。看着山坡上满地堆积得厚厚的松针，我不由心中嘀咕：万一雷击或人为原因造成火灾怎么得了。我们一行四人只得依照大体方位，一路翻越嶙峋石头，拨开层层荆棘，行进极为艰难。大约是在罗汉山与华亭山之间的太平山山腰，我们终于找到了这块圣地。这个地方曾经是滇池夜航船的灯塔。

人们向我述说这样的景象：晚上，从篆塘过来的龙舟与小木船荡出大观楼，朝着西山黑黝黝的山体方向努力摇橹划桨，万籁俱静，只有沉沉夜色与单调的划水声令船夫神弛力疲，船速逐渐放慢，不知过了多少时辰，"天灯一盏"那摇曳的光亮从浓黑的夜色中慢慢擎起，越来越亮，令船家精神为之一振，划手加快了节奏，众人齐心协力，又不知过了多少时辰，终于，船只从老龙河大北口进入滇池，向渔户堆码头靠拢，这时，桨手搁船桨抛缆绳，他们的双手竟都不自觉地呈拱手致礼状。

油盏不知陪伴滇池夜航人多少年多少代，终于有一天，天灯不再放亮，因为有人在其中掩埋亡者，又过了若干年，西山裕滇纱厂开工，人们就以裕滇纱厂的电灯光作为夜航人的灯塔。

眼前，这块圣地呈巨大的筲箕状，又如扶椅状，它背靠峻岭，两旁有矗立而尖利的白石群围护，其间平地约二三亩，据段春茂讲，原来平地中间有个高出的石包如油盏的灯心。

"天灯一盏"内有三座坟包，最大的一座墓主叫李贞介，1937 年去世，享年 80 岁。他曾官至督抚藩盐兼洋务局提调。庚子之变，八国联军攻入北京，他陪伴慈禧、光绪勤王入陕，皇帝"叙赏"其"同知署白盐井提举衙署，黑盐井提举实授石膏井提举"。

滇池纪事

"天灯一盏"与盐官大坟

据史书记载，云南盐赋权兴于汉，明洪武十五年（1382年）十一月置云南盐课提举司。盐政曾对云南经济起过重要作用。盛时黑盐井盐课提举司曾岁办盐五十七万二千三百四十斤。白盐井盐课提举司岁办盐二十一万七百二十斤。据李贞介墓志铭称，这位盐官于云南盐政颇有政绩：

时滇省盐政堕坏，（他）连治三年，纲举目张。

大墓前，亡者亲属为了祭祀方便，用灰浆铺了几分平地。

墓志云：此地称"灵照峰"。是了，这就是"天灯一盏"的灵照了。"灵照峰"东南曰"双凤山"，"美人峰"背后为"书巢山"。看来，西山的各峰当年有许多美丽而文雅的名称，足证古人对西山的亲近与熟悉，今人却只知三清阁与龙门了。

另两座墓没有墓志铭。

从"天灯一盏"前观，草海一目了然。

环顾西山左右上下，再没有此等奇特的地形地貌。"天灯"为何放光，我百思不解。后来访问澳大利亚，听一位华人说起他的家乡马鞍山长着一种晚上会发红光的草，我马上联想到昆明西山的天灯，是否当年也长着这种草，富户的举动破坏了植被，于是红光不再。一次，与李瑞老先生谈起这盏神灯，他认为毫不奇怪，他年岁小时在金殿几次看到过这样的夜景：山林中，一团亮光在移动，它的形状有时像只大红灯笼，有时又像一支燃烧的火把，移动的速度比汽车还快几倍，移动的区间约在一公里左右。当地人称之为"鬼火把"，又说是金殿祖师出行的仪仗，说得活灵活现。李瑞认为这是地气（类似天然气），这种气体在低温时会发光，随风向气流而飘动。"天灯一盏"可能是这种不为人所知的自然现象。

山邑村有人曾见过，晚上有一团火球从山上蹦跳而下。还有人从山间挖了一个大树墩回村，放在晒场，夜里树墩熠熠生辉，胆大之人用手电照之，树墩却如常态，没有光辉，人们忌之，于白日将其烧毁。

官渡六甲70多岁的杨姓老人给我讲起一段与"鬼火"有关的亲身经历。小时候，他们于夜间在滇池边捕鱼，六七月间，会见到一团直径50—60厘米的圆形火球，从马村飞来，飞到娃娃房（弃死婴的小屋），在旁边的一棵大桑树上停留片刻，又摇摇晃晃地向海埂而去。这种火球质轻，犹如气流，当人走近伸手欲抓它时，它会向后退却，当人转身离去时，它又会跟上前来。迷信老人说火的下面有棺材板，一般人避之尤恐不及，他却不信，总想接近火球看个究竟。一次，他想出一个聪明办法，手拿一根木棍，从一条沟坎中慢慢向"鬼火"接近，当火球飘近身旁时，他用木棍敲击它，火球像水泡一样破裂散开，在接触的瞬间，手臂有一凛的感觉，他的全身马上发出暗绿色的光，一害怕，他丢开棍子，就地在草上一滚，身上的绿光就消失了。那被打散的火球又慢慢聚拢成团，幽幽地继续着它的游荡。现在山邑村、福保再看不到此种现象。老人认为过去人少、坟地多、野草多，滇池周围磷矿的蕴藏又极其丰富，野外之物经阳光照射后产生的湿气、沼气与矿物质磷混杂在一起，在低温时燃烧，于黑夜中发出亮光，被人称为"鬼火"。

陪伴我循迹太平寺遗址的姐妹们。
前排左起：罗桂芬、杨竹芳；
后排左起：段家芝、杨伍英

中间的年轻人不知名姓是我疏忽，此行连我在内共四人，三人均为老人，年轻者是惠芳或春茂邀请的后辈族人。慎密的惠芳是为此次探险加了个保险

116

当年徐霞客见过的太平寺已湮没荒野，只有从太华寺古龙潭潜流而下的山泉还在淙淙而淌，晶莹剔透。太平寺曾经的石莲台，倒卧在溪流中

盐官李贞介的后人将其埋入"天灯一盏",是认为这儿风水好,可庇护亡者,福荫后代。然而,油盏内的大坟虽然阴宅堂皇、坟基宽大,但墓冢背后,荒草凄凄,内中隐藏着不知多少盗洞,稍不留意,就会踏入空洞,令人不寒而栗。

传说西山　金马碧鸡

滇池地区，与西山相关的传说是碧鸡之神，这个传说载于正史野籍，流于民间口碑，几乎家喻户晓。传说中，与西山碧鸡成为姐妹篇的是东边与之相隔30公里的金马山神马。

传说起于汉代，距今两千余年。《汉书·王褒传》云："方士言益州有金马碧鸡之宝，可祭祀致也。皇帝使褒往祀焉。褒于道病死，上闵惜之。"但其时说的金马碧鸡神在越嶲郡青蛉县"禺同山"，即今大姚县紫丘山。金马碧鸡神的情状，据《后汉书·西南夷传》说："青蛉县禺同山，有碧鸡金马，光景时时出现。"《华阳国志·南中志》说青蛉县："山有碧鸡金马，光彩倏忽，民多见之。有山神。"语焉不祥，使后人颇费猜测。猜测之一，认为金马碧鸡是矿产，禺同山产黄金碧玉，形状奇特，有的大块黄金形同马驹"骋光而绝影"；有的碧玉状如宝鸡，"倏忽而耀仪"。猜测之二为金马碧鸡神是光线折射的幻影，紫丘山的景色会随气候发生变化，有时的云气状若奔马鸣鸡，于是被神化。

唐代，南诏置鄯阐（今昆明）为别都东京，金马碧鸡传说由是东移至滇池地区。明正德《云南志》卷二载云南府山川云："碧鸡山在府治西南三十里。东瞰滇泽，苍崖万丈，绿水千寻，月映澄波，云横绝顶，云南一佳景也。相传昔有碧凤翔鬻此山，后讹为碧鸡云。""金马山在府治东二十五里，西对碧鸡山，中隔滇池。山不甚高，而绵亘西南数十里。麓有归化寺，下有金马关。相传昔有金马隐见其上，故以名山。"在《华阳国志·南中志》载：滇池县"长老传言,池中有神马,或交焉,

滇池纪事

从西山顶观昆明城，那白色的楼群也像片片白帆。在不久的将来，人们是否要把裸露的滇池湖盆全部填满

此图摄于探寻"天灯一盏"归途，时间应在2003年，现在（2021年）昆明楼群已将滇池之北的平坝几乎填满，这个"不久的将来"竟然不足20年。能力强大的现代人，对于脆弱的自然，你要留情

古书记载：滇池长老传言，池中有神马，或交焉，即生骏驹，俗称"滇池驹"，日行五百里。这匹滇池牝马，即将生下"日行五百里"的骏驹，它们的背上，曾经驮起整个云南

传说西山 金马碧鸡

即生骏驹，俗称之曰滇池驹，日行五百里。"《宋书·瑞符志》载：晋孝武帝太元十四年（389年）六月二十八，"神马二匹一白一黑，忽出于（滇池）河中，去岸百步。县民董聪见之"。可见，金碧之神自东移后，它们就有了确切的动物形象，即孔雀与滇马。

金马碧鸡，以滇地两种土著动物——孔雀与滇马来比喻，是滇人的智慧。在所有鸟类中，唯孔雀与传说中的神鸟凤凰最相似，甚至可以说，古人是以孔雀之形神比附于凤凰的。至于滇马，西南多崇山峻岭，滇人至迟从春秋晚期起（公元前5世纪前后），生活劳作交通易货，便一刻也离不开脚力耐力极好的滇池神驹。在建于明宣德年间（1426—1435年），后屡毁屡建的金马碧鸡牌坊中，碧鸡的形象不是神秘飘逸的凤凰，而是似锦鸡又似孔雀；金马的神韵不是高大骏健的西北马，而是长尾披发适于山地行走负重的云南矮种马。自汉代而传的金马碧鸡之神，由神比之于物，以物寓寄于情，表达了中原汉唐创伟业的君王对富庶而迷茫的西南诸夷的关切与重视。

记叙着印度阿育王王子追马故事的金马寺，在今金马小学内，因受学校庇护，保存完好。1999年，官渡区、金马镇拨款整修如新

有趣的是，金马碧鸡还与另一个传说相关联，据天启《滇志》记载的故事说，周文王时，天竺（古印度）有个国家名摩揭提，国王为阿育，他有三个儿子，长子福邦，次子弘德，老三至德。阿育王有一匹神马，其美无比，一身毛色像金子一般闪闪发光，三个儿子都想得到它。阿育王喜欢老三，想把神马给他，又怕另两个儿子说他偏心，于是心生一计。他把马辔子悄悄给了至德，如此这般交代一番。然后，与三个儿子约定，他将把马放跑，谁追上它就归谁。脱缰的神马一路向东狂奔而去，三个王子各自骑马率领自己的部下紧追不舍，一直追到滇池附近，不见了马的踪影。老大估计马口渴了，于是到滇池边守候，扑了个空。老二估计马会到北边的田坝吃草，便到那儿守候，也扑了空。老三追到滇池东岸的山峦，看到金马的身影在山间跃动，他策马尾追而去，速度太快，把乘马身上的马笼头、马缰绳、马肚带、马掌铁、马鞍子相继跑落，人们把这些地方分别叫做龙头街、落索坡、罗齐厂、马军厂、跑马山。最后跑到山顶，顽皮的金马还想再试至德的耐心，至德终于按捺不住，高呼"宝马回来"，连呼三声后，金马转过头来，这儿就叫"呼马山"。至德将父亲给的马辔子套在金马头上，牵马下山，将马拴在一个石桩上，此地便称"系马桩"。滇人将这个神话编织得细致入微、丝丝入扣。

三个王子一直逗留在滇池，老国王急坏了。派出了孩子的舅舅神明，带着军队赶来接应。在返回途中，被滇西土著哀牢族阻挡，回不来，后来他们都客死他乡，福邦成为碧鸡山神，弘德为岩头山神，至德为金马山神。就连随至德同来的两只狗，都在金马山旁的落镫山化为石，人称神犬石。南诏开国时期，蒙氏国王知道了这个故事，他封福邦为碧鸡景帝、弘德为上旬景帝、至德为金马景帝。

不知为何，南诏国王们对这个故事十分着迷，据《纪古滇说集》记载：南诏威成王（劝丰佑）九年，追封阿育王的三子一舅，都给予帝号，封为各山之神，并立庙宇祀之。长子福邦封为碧鸡山主，在山上立了庙，封伏义山河清邦景帝，次子封灵伏雠夷滇河圣帝，老三封为金马名山至德景帝，立庙于金马山麓。封舅舅神明为大圣外神明天子，庙也

传说西山　金马碧鸡

金马寺精巧的宝塔，形状与昆明城中的东、西寺塔相仿

在碧鸡山主庙的左边。

阿育王三子追马的故事，在西南夷历史上留下了清晰的印痕，刘文征纂的天启《滇志》卷16，"群祀"上说，明代，罗汉山下龙王庙的神称为"灵伏仇夷滇河圣帝"。即阿育王的二儿子弘德。南诏时在金马山麓建的金马神祠，明时被西移至城郊，名金马山灵应禅寺。（见寺内存明正统六年碑《重建金马山灵应禅寺记》）

现金马镇金马小学内有金马寺阿育王前后殿、三太子前后殿及神骥亭。金马寺塔位于金马小学旁的官渡区金马镇机关大院，为十三层密檐实心方砖塔，通高24米，四方台基。大殿为清代光绪十八年（1892年）重建。1999年又翻新粉饰，保存完好。三太子殿前有《重修金马山灵应禅寺碑记》，是大清嘉庆九年（1804年），岁次甲子孟春月吉旦，由昆邑陈宝撰文并书。内中记述了阿育王三子追马的故事。

这个传说编纂成书，应在唐代金马碧鸡由大姚移至昆明之后。令人匪夷所思的是，故事中的滇池金碧之神却是数千里外异域的王子扮演的。

因此，尽管这个神话故事比以前的传说情节更动人，故事更完整，从古人起就存疑于案，戴䌹孙明确表示："金马碧鸡之说，古老传闻之，旧矣。阿育王事，余久不信之，以前《志》录，姑存其故也。"后人也少有人理会此传说，有人认为是佛教徒的信口胡诌，因此民间对金马碧鸡的传说知其一者多，知其二者少。

其实，古代神话是现实生活的折射，从许多传说中可以找到当时人们生活的物质与精神印痕。传说之二对于云南昆明同样有着深刻的经济文化背景，同样有其产生和传续的合理性。

云南横断山脉的造山运动源于喜马拉雅山的崛起，大江大河大山基本为南北走向，云南距中原遥远又被万千大山大河阻隔，与东南亚、南亚接壤，大山同脉、江河同源。这种特殊的地理环境，使云南在远古蛮荒时代人的活动主要靠人力畜力进行的时候，大量经济活动主要在那条天然经济走廊进行，两千多年前由四川经云南通向缅甸、印度的"蜀（四川）身毒（印度）道"和后来形成的四川、云南、缅甸、越南的"安南道"是物竞天择的自然选择。马蹄声声，马铃叮当，运去了蜀杖、丝绸、滇铜、茶叶、盐巴、药材，运来了海贝、玉石、琉璃、棉花、大象。在来来往往的人流物流中，宗教的、文化的流动也在进行。印度的佛教进来了，中国的儒道过去了。唐朝时期，云南成为大乘佛教、小乘佛教、藏传佛教的交汇地。

在这种经济文化流动的背景中，传说阿育王的王子追马至昆明也就没有什么可以奇怪的了。如果说，祖国西北的丝绸之路为敦煌莫高窟造就了许多深目高鼻卷须的胡人、色目人塑像；那么，祖国西南的茶马古道却在滇池东岸的金马山金马寺留下了一个完整的阿育王三子一舅追马的故事。当年，大唐高僧玄奘千辛万苦赴西天（印度）取经，并由此演绎出脍炙人口的神话故事《西游记》，如果印度有吴承恩，昆明的金马碧鸡之说可能会成为另一种版本的《东游记》。

屏卫护守滋养着昆明的金马碧鸡两山，两千余年来备受人们的关注呵护，自唐以降，在两山隘口设置总铺、关防的记载不绝于史。明代，金马山设金马铺，碧鸡山设高峣铺。清时，昆明县设四关，东边为金马、重关，西边为碧鸡、高峣。两地的关隘作用一直发挥至20世纪30年代，后来因交通方式的改变，关隘才废弃衰败。

现在的金马山，一半已被蚕食，上有省轻工局仓库、省电影公司和凉亭轧钢厂单位用房，山体右侧曾被人自由取泥而裸露，红色山体如滴血的胴体。

追寻从昆明东出的通京大道，大桥村的老妪侃侃而谈，它是由东站沿金汁河埂至定光寺、五通碑、归化寺、凉亭，出金马山至十里铺、倒马刻、大桥村、两面寺一路逶迤东去。五通碑，也称去思碑，过去曾有六尊青石碑立于此地。石碑每尊高两米多，是纪念六位政绩卓著的朝廷离任官员的，其中有康熙时的刘荫枢、乾隆时的顾南雅。刘荫枢的事迹，在清代倪蜕的《滇云历年传》中有记载，他是大清康熙年间的云南布政使，性俭朴，不吝惜，爱民勤政。当时昆明海口、六河每年由政府拨款维修水利预防灾害费用八百两，支出日常开支、人头费和官员克扣后，所剩无几。开河修坝，捉襟见肘，竟至有时官差搜捉农民，强令出工修筑堤岸。康熙四十八年（1709年）刘荫枢个人出资白银九千七百余两，在抚标中军游击周士元的支持下，召集民工数万修整河堤，每人给银3分，米一升，经数月而竣工。然后，六河、海口治。此等爱民官员离任，滇人是哭着相送至十里长亭，并竖碑以记之。滇人竖立的五铜碑，实在有褒奖清官、纯洁吏治的功效。中华民国时，因朝代远去，此地逐渐荒僻，是剪径贼出没之地，附近百姓戏言：要发财，到五通碑。石碑在20世纪三四十年代应还在，李瑞先生小时与父亲及亲友途经此地时，还在石碑旁的水潭中游泳。

在金马山左有狗饭田村，村名渊源有两说，一说是昆明官衙养群狗，着该村种粮交差以充狗粮，故名。一说此村农民多为归化寺佃户，一次灾年欠收，交租极少，和尚不满，说还不够寺里喂狗的，遂有此村名。20世纪40年代末，昆明解放前夕，一支解放军部队驻扎于此，闻此村名于心难忍，恰逢消息传来，卢汉率部起义，昆明和平解放。部队首长赠其三字"太平村"，现为63路公交车终点站。

是当年从昆明台沙河流向滇池的小河,现已干涸;桥下之河,是通京大道上的偏桥,现已被私人占据;

呈贡向西方向进发的通京古道上的马蹄印

这些都是往事，现在五通碑早已不知去向，唐代所建的归化寺也荡然无存，眼前只有房屋车流人潮以及城郊接合部的杂乱。古道大部分已躺卧在水泥马路房屋之下，部分被农人用灰渣填平。

碧鸡关在滇池西岸，旧名石膏箐垭口，位于高峣之上的碧鸡、进耳两山垭口，地势险要，古民谣称：碧鸡一条槽，高又窄，燕子飞过要掉毛。上有村子名"碧鸡关村"，曾是昆明通向滇西的咽喉要地。20世纪40年代，滇缅公路通车，这个通用了数千年的老关口被公路绕开，村子由兴盛转沉寂。三山夹一村的特殊地理使其孑然于昆明城池之外，因此，碧鸡关大模样得以保存，只是标志性建筑已无存。三山的位置，一山朝东，面向草海，称鸡头山；两山靠西，南北夹峙，称鸡翅山。鸡头山上原有碧鸡祠，内祀弥勒佛、土主、五谷太子、山神土地、送子娘娘、文殊菩萨、释迦牟尼、观音。1934年一场大火将村子烧毁一半，祠也三毁其二。1958年拆毁剩余庙宇，1990年生产队将庙宇旧产卖与私人，现其旧址办起农家乐饭庄，饭庄后园围墙上还嵌有两尊释迦摩尼佛石像，并有清乾隆三十四年（1769年）石碑一块，称此寺为觉照寺。

村西原有大城门，城墙依山势取南北走向，长80米，高10余米，进深4米，将称为鸡翅山的左右两山关隘完全封死，村民形容其高大，称鸟雀飞不过。上有钟鼓楼，暮鼓晨钟不知响了多少年，1952年因城墙毁坏失修而拆除。村老言，大铜钟现存华亭寺，大鼓传至车家壁。碧鸡关为昆明西线屏障之关，曾设烽火台，以接应安宁独树铺（现名读书铺）烽火转报省城。

城外即迤西大道，路阔5尺，上嵌条石，无数骡马脚夫马锅头在上走过。现马道草蔓水浸，仅剩羊肠小道。近村的青石板大多被人撬走，村子百米开外，一些青石板的马蹄深印被泥沙埋汰，村民朱海明用锄头轻刨两下，露出了完整的一个蹄印。

在靠近原城门处，还有两户古马店的老屋，衰败不堪。当年这儿人喊马嘶，住得下一个有三四十匹马的中马帮。82岁的杨泰老人见过许多马帮来来往往。

碧鸡关迤西大道马帮古道，图中那片大树背后，原是碧鸡关大城门，过路马帮必须在此完税后放行。

呈贡大哨村，左侧山坡上蜿蜒的茶马古道，与滇越（上）、南昆（下）两条铁路交相辉映，滇中数千年道路交通在此定格。

昆明金碧路上的金马、碧鸡两坊。负载着古滇两千余年的文化积淀

传说西山　金马碧鸡

出关的马帮从下华哨、长坡、桥头村而深入安宁腹地。西行马帮于 1937—1938 年消失。

鸡头向着昆明城作飞翔状的碧鸡关，过去是兵家必争之地，近代曾发生过两次血腥拼杀。据杨泰回忆，1925 年（实为 1929 年），唐三（唐继虞）为其兄唐继尧被废而大打出手。另一次是 1927 年（实为 1929 年），龙云与张汝骥两部在此血战，死伤者的血从山上流淌而下。两旁鸡翅山上的碉堡壕沟至今历历在目。

碧鸡关村现有农民 80 户，人均土地 1.5 亩，主产苞谷、

碧鸡关村见过马帮的老人杨泰与迤西大道

大豆、豌豆苗等。村庄仍以农业为主，经商的仅九户，开办了农家乐，少部分人家经营屋业出租。住房多为瓦房和两层水泥楼。此地多蚊虫，谚语云："蚊子半斤，跳蚤四两。"关口多大风，自西山腹地刮来的西南风遇进耳山阻挡，便从这两山夹峙的喇叭口向东夺路而出，浩浩荡荡，人称高峣风，对滇池的水文地理都产生了影响。

碧鸡关是大关，盛时铺兵有十几户，碧鸡关村的农民都是铺关守兵之后，先辈守关而生守关而亡，陪伴了云南马帮、古驿站生生世世，不说轰轰烈烈，却也绵长执着。现在碧鸡关几乎被人遗忘，只是因为山泉好，人们络绎不绝来此取水，有人甚至从南窑乘火车而来，据称，取水之人总有成千上万。

这条纵贯数千年，横越千万里，连通东亚、中亚、西亚、非洲、欧

洲，串联中国、印度、两河流域、埃及、希腊、罗马几大文明古国的南方丝绸之路，其国内经昆明一路的行程轨迹为：成都—乐山—宜宾—盐津—昭通—赫章—曲靖—昆明—楚雄—祥云—大理—保山—腾冲。

清末民初，以昆明为中转枢纽的迤南线（开远、蒙自、蛮耗）约有2000余匹驮马，转运的物资为各地土特产品以及外销的个旧大锡。迤东线（曲靖、宣威、昭通）约有8000匹驮马，转运物资主要是茶叶、棉花、布匹、百货等产品以及向缅甸等国出口的物资川烟、丝绸、桐油、皮革、药材等。迤西线（下关、保山、腾冲）约有9000匹驮马。据统计：1911年至1932年全省有19000余匹驮马在运输。

车辚辚，马啸啸，古道之上，曾经运载过产于印度洋的百万齿贝，以充滇地千年货币之用。20世纪六七十年代，仅从昆明晋宁石寨山及玉溪江川李家山古墓群就出土了齿贝1230多斤，计247000余枚。

车辚辚，马啸啸，古道之上，曾经亮过战旗响过战鼓，践踏过唐朝与南诏历经四十二年天宝战争与对峙的无数战马与士兵。终于，唐德宗贞元十年（794年），唐御史中丞袁滋一行，踏着平和的脚步，奉命于六月持节由京城长安出发，七月经四川沿五尺道，入云南册封异牟寻为南诏王，史称"贞元会盟"。

车辚辚，马啸啸，古道之上，曾经走过深目碧眼，充满好奇的元朝京官、意大利威尼斯商人马可波罗，曾经走过被流放的日本诗僧鉴机先、天祥、斗南、逯光古、演此宗、大用、宗泐、昙演、桂熙、如瑶、镜中熙跟跄的脚步。走过活着的意气风发的段功，运载过死了的锦被裹身的段功。

在城中金马碧鸡广场，黄皮肤白皮肤黑皮肤的游人簇拥着导游，在倾听那个关于金马碧鸡和金碧交辉的故事。原先有山有石有寺有庙，有马啸凤鸣的故事，只剩下眼前两座金色的牌坊。

人们到大理巍山鸟吊山的鸟道雄关探险，去叩问古道深陷的马蹄印。人们到中甸、白水台、虎跳峡、石鼓、鲁甸、维西科学考察，去验证那条古代亚洲大陆最为庞大复杂的商路。但是，昆明是古道上极为重要的一站，通京大道、迤西大道是元代后以昆明为视角而命名的茶马古道，它们现在还有余温尚可触摸。如果我们以城中金碧广场的金马碧鸡两坊作为纽带，向东西发散数十公里，建设古道长廊，用青铜碑，石刻柱浇铸镌刻西南夷数千年大事记，让人们徜徉于古滇文化的汪洋之中，让马蹄嘚嘚敲击在蹄印深深的青石上，人们梦回千年的传说、千年的祭祀、千年的庙宇、千年的关隘、千年的马帮。茶马古道的文化旅游价值会立刻呈现在世人面前。

　　昆明人，你难道不怦然心动吗？

考证西山　失落的梁王台

垒石凿榫的真武殿

　　西山多秀色，明清以来，"碧鸡秋色""滇池夜月"是昆明的著名风景线。旧时，西山有许多枫树，每到深秋，万山红遍，层林尽染，令诗人笔下也流淌出一抹抹红色，秋日的碧鸡山最是耐读。滇池夜月之景在明初旅华诗僧鉴机先的诗《滇池夜月》中也有细腻描写："滇池有客夜乘舟，渺渺金波接素秋。白月随人相上下，青天在水与沉浮。遥怜谢客沧州趣，更爱苏仙赤壁游。坐倚篷窗吟到晓，不知身尚在南州。"真是山水相映，天地与共。如此美色，令多少英雄为之倾倒，从大理国鄯阐匡国侯高智昇，元高僧元峰、无照，明王族沐英世家、杨慎，清钱沣，到近代的唐继尧、虚云，代代相传，竖楼台建庙宇，作诗文写楹联，把华亭太华两寺，建得花团锦簇。更有罗汉山绝壁的造化之美，令历代豪杰为

132

考证西山　失落的梁王台

之折腰，从元代梁王，明清吴来清、何玉之、杨际泰，到镌刻魁星的无名氏，世世相继，把三清阁龙门建得天上人间，将人们意欲接近天庭、解读造化的理想表达得淋漓尽致。

三清阁建筑群九层十三阁，层层缘山壁架空凿岩，殿殿设飞阁流舟，构思奇巧，建筑精妙。有在深岩陡壁上搭建的森森石拱朝天桥，有拓壁依崖附老树古藤而建的灵官殿、三清阁、斗姆阁，有垒石凿榫的真武殿、玉皇阁，还有如燕子衔泥、蚂蚁筑巢般粘贴于绝壁之上的南极宫。

镶嵌于绝壁的石室

其中灵官殿建于明嘉靖年间，是目前西山仅剩的明代建筑，它重檐歇山顶，面阔三间6.8米，进深三间6.5米，四根通柱直达屋顶。

玉皇阁重檐歇山，上下檐皆施斗拱，做五踩计心，并出45度角如意拱，象鼻昂，装饰性极强，是殿阁之精品。

三清阁为道教宫观，其供奉的道教至尊至圣，与西来的佛祖菩萨风格迥异，是本土化的，他们个个像中国古典戏曲中的帝王将相才子佳人，令人感觉亲切。山壁上的财神、灵官殿的王灵官、斗姆阁的破军星君（摇光星）、武曲星君（开阳星），这些武将个个如张飞、关羽、尉迟恭，他们瞪目张须，剑拔弩张，威猛异常。禄存星君（天玑星）、文曲星君（天权星）、斗姆，则如运筹帷幄的萧何、轻摇羽扇的诸葛孔明和闭月羞花的杨玉环。老君殿下，还有一尊传为唐吴道子所作的老子像也栩栩如生。

王灵官,为道教的护法尊神,塑于山门之内。其形象为红脸虬须,金甲红袍,三目怒视,左手持风火轮,右手举鞭,酷似刘备的结义兄弟张飞

斗姆,道教中北斗七星之母,三目、四首、八臂,实在是一个标准的美人坯子

考证西山　失落的梁王台

在自凤凰台旧石室至慈云洞、达天阁的龙门石窟造像中，尽管"普陀胜景"山门表明其佛教的渊源，但抱子的慈母和执笔的魁星却仍然像中国民间慈祥的老妪与质朴的樵夫。

三清阁龙门人物造像，是道家佛门、官吏巨贾、文人学者、农民工匠共同的创作，足以证明，人们对美的追求，对美的鉴赏是相通相近的。西山滇池的大美，化解了人类的门户派别之见。

三清阁龙门的动物造像也是生动传神的，真武殿阶前的蛇龟组合线条简洁明快，在真武于湖北武当山苦修得道的过程中，这两个灵物扮演了重要角色，标志真武成仙，后来蛇龟成为"北极玄天"身旁的两员神将：蛇将与龟将。

龙门旧石室石壁上，一只石凤凰也同样神形兼备，神鸟作展翅奋飞状，口衔一封函书，取意中国古代神话，黄帝与蚩尤大战于涿鹿，蚩尤以呼风唤雨、吞云吐雾之术抑制黄帝。王母命九天玄女（凤凰）授灵官五符五胜之书助之。黄帝胜，遂平定天下，河晏海清，仪凤起舞，百鸟朝凤。这幅征战中的九天玄女浅浮雕，使许多游人驻足观望，细细欣赏。

老君殿太上老君的坐骑青牛也塑得不凡。这只伴老子西出函谷关，隐居终南山观台暑，著五千言《道德经》的神牛，恐也已得道成仙，它聆听老子讲解易经八卦，似有领悟作欲言状。

还有那尾在达天阁劲跃龙门的金鲤造像，令科举时代许多仕子翻山越岭前来膜拜，愿神鱼保佑自己一登龙门身价百倍。现在有的读书人于高考前来此摸摸神鱼，便也是想沾点神气。

传为吴道子所作的老子像

滇池纪事

三清阁龙门像一座特殊的建筑与雕塑画廊，展现了滇人能工巧匠高超的技艺和杰出的艺术鉴赏表现力。

三清阁龙门，起于元，续于明，盛于清。期间各朝各代的修建状况如何，曾产生怎样的历史变迁，元代梁王的避暑台建在何处。带着这些问题，我多次踏勘西山，并将徐霞客的《游太华山记》与现实一一对照，对明清西山的建筑群落有了大致了解，对失落的梁王台有了粗浅的认识。

原来，当年徐霞客看到的罗汉山建筑有两组。一组在罗汉寺之上，称北庵。它是从朝天桥开始的，桥很险峻："桥架断崖间，上下皆嵌崖，此复崭崖中坠。"在桥的南边，是灵官殿，殿门北开临桥，殿东侧有小道。由此下几个石阶后，那一系列楼阁便在"攀崖摄峻、愈上愈奇"中展开了："而楼，供纯阳。而殿，供元帝。而阁，供玉皇。而宫，名抱一。"一个个都东向临海，将滇池水海之胜尽收眼底。其形制是"每上数十丈，得斗大平崖"，然后就在崖缝中钉入木桩，依地势而建楼台，所以一个个楼殿都不大。他看到"南崖有亭前突，北崖横倚楼，楼前高柏一株，浮空漾翠"。"并楼而坐，如倚危樯上，不复知有崖石下籍也。"在抱一宫南边陡峭的山崖上，人们伐木制作栈道，有的栈道依傍着大树；凿石洞，有些洞穴在陡岩的缝隙中拓就。在最顶端，有个小楼就像粘贴在石头上一样，其中，还有道士的被褥铺盖和灶具。

三百余年后的罗汉寺北庵又怎样了呢？

现今的西山三清阁，自朝天桥灵官殿至南极宫的几个主要建筑，即三殿二阁一宫与明代徐霞客笔下的罗汉寺北庵的楼宇基本相符，三百余年虽经历代不断修葺改造，但殿阁的基础、方位、形制仍是明代奠定的。西山的危岩峭壁使殿阁一经定制，后人很难改弦更张，一如在崇山峻岭迂回曲折的茶马古道，两千余年，马帮亦步亦趋，在一些险要道口，无数驮马使力凭一点获得支撑平衡，竟至在坚石上踩出十四五厘米深的蹄印。

考证西山　失落的梁王台

真武殿前的龟蛇相嬉。导游至此都会引导人们摸蛇头沾点灵气，蛇头被摸得锃亮

　　现在的三清阁楼群、朝天桥仍然耸立于其高无比的石拱之上，灵宫殿是仅剩的明代建筑，玉皇阁名实相符，还在原处，不同的是纯阳楼改为三清阁，元帝殿更名真武殿，抱一宫而为老君殿，那个仿佛粘于石端内中有道士寝龛炊灶的小楼，现在是供奉南极仙翁的南极宫。

　　历史为明代的罗汉寺北庵建筑群作的几乎都是加法。朝天桥的其危其险已被茂盛的蒿草灌木丛与加高的护栏掩蔽，只有细心的游客才会在崖侧的一面后视镜中看出端倪，然后于石栏处探头一望，倒吸一口冷气，原来这座桥非同一般，它支在两壁危岩之上深不见底，据说有几十米高。

　　朝天桥北侧和真武殿与玉皇阁之间增加了罗汉崖、灵霄宝殿两个山门，使直崖百丈的山道有了迂回与屏障之护。增加了斗姆阁、圣父母殿和几个展览室，增添了孝牛泉（小牛井）景点。现在的三清阁，悬崖可持，危岩可依，更适应现代旅游之需。

　　自玉皇阁南修筑的旧石室凤凰台，在徐氏笔下没有记载，据说是明嘉靖年间（1522—1566年）道士赵炼主持开凿，即在徐霞客登临罗汉寺

137

滇池纪事

中国古代神话中帮助黄帝战胜蚩尤的九天玄女,就是这个衔书函的凤凰。祖国西南大山中的苗族,口口相传着他们就是败北的蚩尤之后裔。

北庵百年前即成,可能记载有误,以徐霞客考察之严谨行文之细腻,一般不会错漏凤凰台美景,姑且存疑。

自旧石室起,中经普航胜景坊、慈云洞、云华洞、龙门达天阁这些龙门石窟系列是清代作品,这些建筑是在原生岩上拓出石洞隧道,内中石级、石壁、石窗、石栏、石屋,均人力斧凿而成,全长66.5米。工程浩大,险峻无比,是罗汉崖风景之精华。其中慈云洞宽5.22米,高2.8米,进深3.14米,窟内雕观音(慈母)、青龙、白虎。

洞内有对联:"洞外云舒霞卷,海中日往月来","仰笑宛离天尺五,凭临恰在水中央",都是即景写情,十分贴切。石窟最高处的达天阁有月台牌坊,石室宽4.2米,高2.3米,进深2.35米,雕魁星、文昌、关圣、八仙及龙马花卉。龙门石窟,其艰险精美,是可以令鬼神为之动容

考证西山　失落的梁王台

的。洞门古联云："此山呼吸直通帝谓，随时俯仰遁出风尘。"是说在这儿可以和玉皇大帝说悄悄话了。

有史记载的工程有：清乾隆年间（1781—1795年），下渔村贫穷道士吴来清为修炼苦行，募集人从三清阁打通了两壁刻有"云海""石林"至旧石室的通道，又往南开凿石道至雕有观音座像的新石室慈云洞。清嘉庆辛酉年（1801年），昆明车家壁彝族诗人那文凤写了一首《赠吴道士诗》，铭在慈云洞前的石香炉上："万钻千锥显巨才，悬崖陡处辟仙台。何须佛洞天生就，直赛龙门禹凿开。"

道光庚子年后（1840—1848年），杨汝兰募集人打通从慈云洞至达天阁之间的悬崖隧道，与此同时，杨继泰、何玉之组织人继续开掘，终于咸丰三年（1853年），在百丈绝壁上完成了龙门即"达天阁"工程。

碧鸡山下升庵祠内的徐霞客塑像。他于明崇祯十一年（1638年）自费游历云南，历时1年零9个月，写下《滇游日记》25万字，占《徐霞客游记》的40%

那些千锤万凿修筑龙门的石匠已无名可考，但创作龙门魁星的无名氏，却以他精湛的技艺、追求完美的个性，让人们永远记住了他。他将传说中赤发、青面獠牙、面目狰狞的"奎宿"鬼像，雕凿成一个质朴、面善、极富人性的青年形象。他把自己对艺术的理解与追求，融入这尊掌管人间文运的神仙，待凿到那支高举于头顶的点睛之笔时，三次都以失败告终——笔尖断裂，他心摇神弛，不能自已，纵身跳下了龙门，成为龙门第一个殉道者。我想，他的英灵一定已经与万千石匠在一起，成为日夜陪伴西山的守护神。

滇池纪事

元朝在云南统治的历史只有短短百年，梁王在罗汉山留下了开创性建筑——避暑台。尔来六百余年的历史弹指一挥间，避暑台今安在？三清阁景区的简介含糊其词，称此地为昔日梁王台。现辟为商店的"三清阁"前有一副对联："山色梁王墅，钟声大佛楼"。使不明就里之人也以为三清阁就是梁王避暑台。其实不然，避暑台旧址在南边的山崖上，现已不存。何以见得，这要从当年徐霞客笔下描述的罗汉寺另一组建筑南庵说起。

徐氏从北庵返下朝天桥，行数十米后，即到罗汉寺正殿，殿后崖高百仞。在悬崖向南转折的地方，有一个山泉，叫勺冷泉，泉水是从朝天桥的石缝中迸流而下的，经勺冷泉再向东南折，上面的悬崖更陡峭，中间有一条漾坪（小道）像山崖的腰带一样往南盘旋而去，下面是壁立的岩石，直插海底。漾坪的中间有许多梵宇仙宫，它们是雷神庙、三佛殿、寿佛殿、关帝殿、张仙祠、真武宫，依次排列。最南端的真武宫之上，悬崖更陡，过去梁王曾避暑于此，又名梁王避暑台，是南庵的尽头。上面就是穴石小楼。

据说，梁王避暑台毁于元末明初的战火。徐霞客看到的应是二百余年前的旧址。

隧道内的石级、石壁、石栏、石窗、已被万千游人蹭的滑亮

考证西山　失落的梁王台

现在，朝天桥下，大佛殿废址以南，再没有建筑。由此可见，明代，罗汉崖上还有一组朝南的八个殿宫祠台已经不复存在，这组建筑应在山邑村人所指的罗汉山半腰上那条称为上马路、大牛井、蜜蜂窝等小道一带。还可以断定的是，罗汉寺北庵的建筑是由下而上循崖纵向的，南庵的建筑是在若腰带的漾坪之间自北而南列陈横贯的。可以判断的是勺冷泉即大牛井（仙泉）现仍在。罗汉山牛井有三处，一处在千步岩张仙殿后，另一处在龙门崖下，还有一处在三清阁。过去野放的牛到水洞喝水，故称牛井。龙门崖下牛井水较大，称大牛井，三清阁处牛井水较小，称小牛井。雨季时，山上的人就小牛井饮之，天旱时要到大牛井取水，人们用大木瓢将水舀在土罐瓦盆中抬着走，或装入木桶挑着走。小牛井被清人编了故事，称作"孝牛井"，大牛井一直用到20世纪50年代。那条上马路，它应是南庵这组寺观之间的通道，宽处七八米，窄处三四米，与山下那条沙石马路遥遥相对。"马路"一词是近代出现的，因此上马路在百年前还未完全荒弃。乡民所称的大佛殿即罗汉寺正殿，至于梁王避暑台，它远离了现在的三清阁，是在山腰南端真武宫之上的山崖上，南距大牛泉总有上百米的距离。

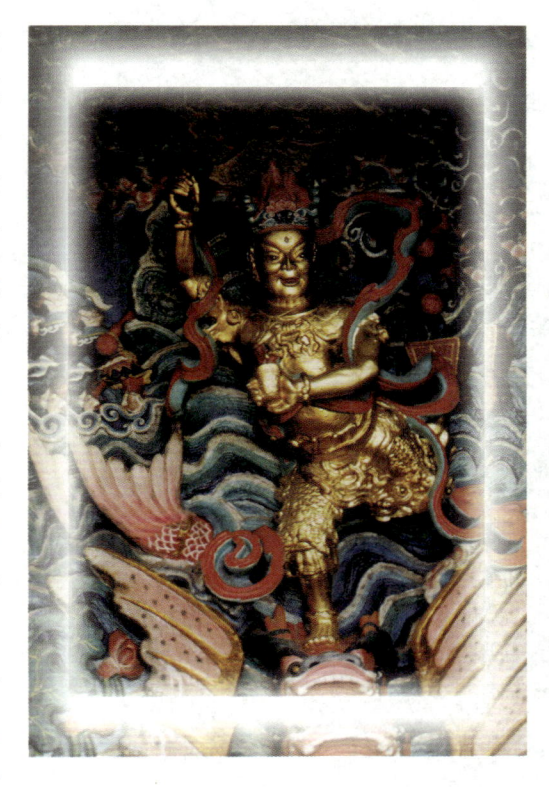

龙门天台洞主魁星，其典型形象为赤发青面獠牙，立于鳌头之上，一脚后跷如"魁"字之大弯钩，一手捧斗、一手执笔，传说被他点中的书生就考上了举人，这是文人崇拜的幸运男神

龙门石窟中蜿蜒曲折，长66.5米的蛇形隧道

当年徐霞客踏勘过的太华寺南侧门古道

考证西山　失落的梁王台

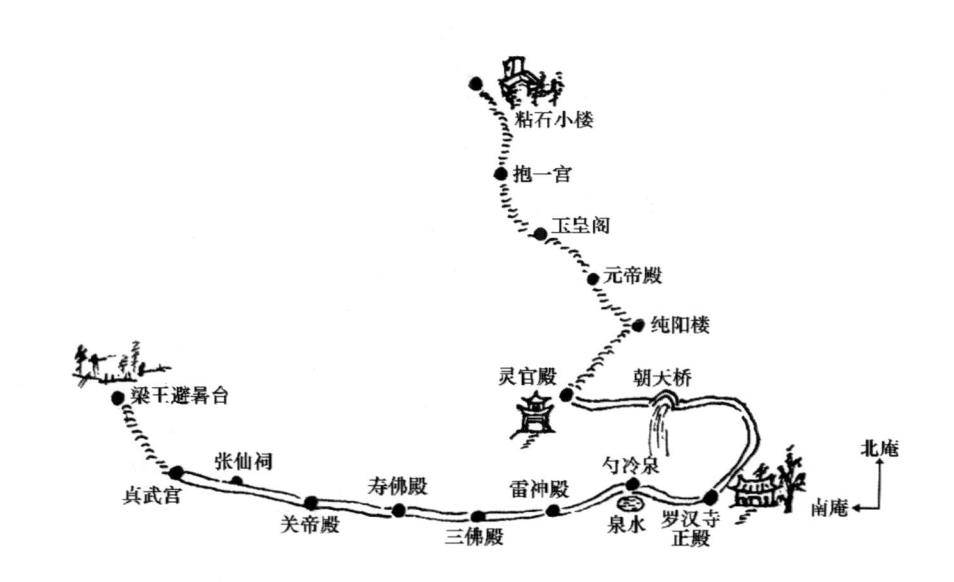

罗汉山(海拔2551米)

粘石小楼
抱一宫
玉皇阁
元帝殿
纯阳楼
灵官殿　朝天桥
梁王避暑台　　　　　　　　　　　　　　　　　　　勺冷泉　　北庵
贞武宫　张仙祠　寿佛殿　雷神殿　　　　　　　　　　　　　　南庵
　　　关帝殿　　三佛殿　　　　　泉水　罗汉寺
　　　　　　　　　　　　　　　　　　　正殿

南 ←→ 北

滇池（海拔1885米）

明代昆明罗汉山（西山）罗汉寺南、北庵景观示意图

143

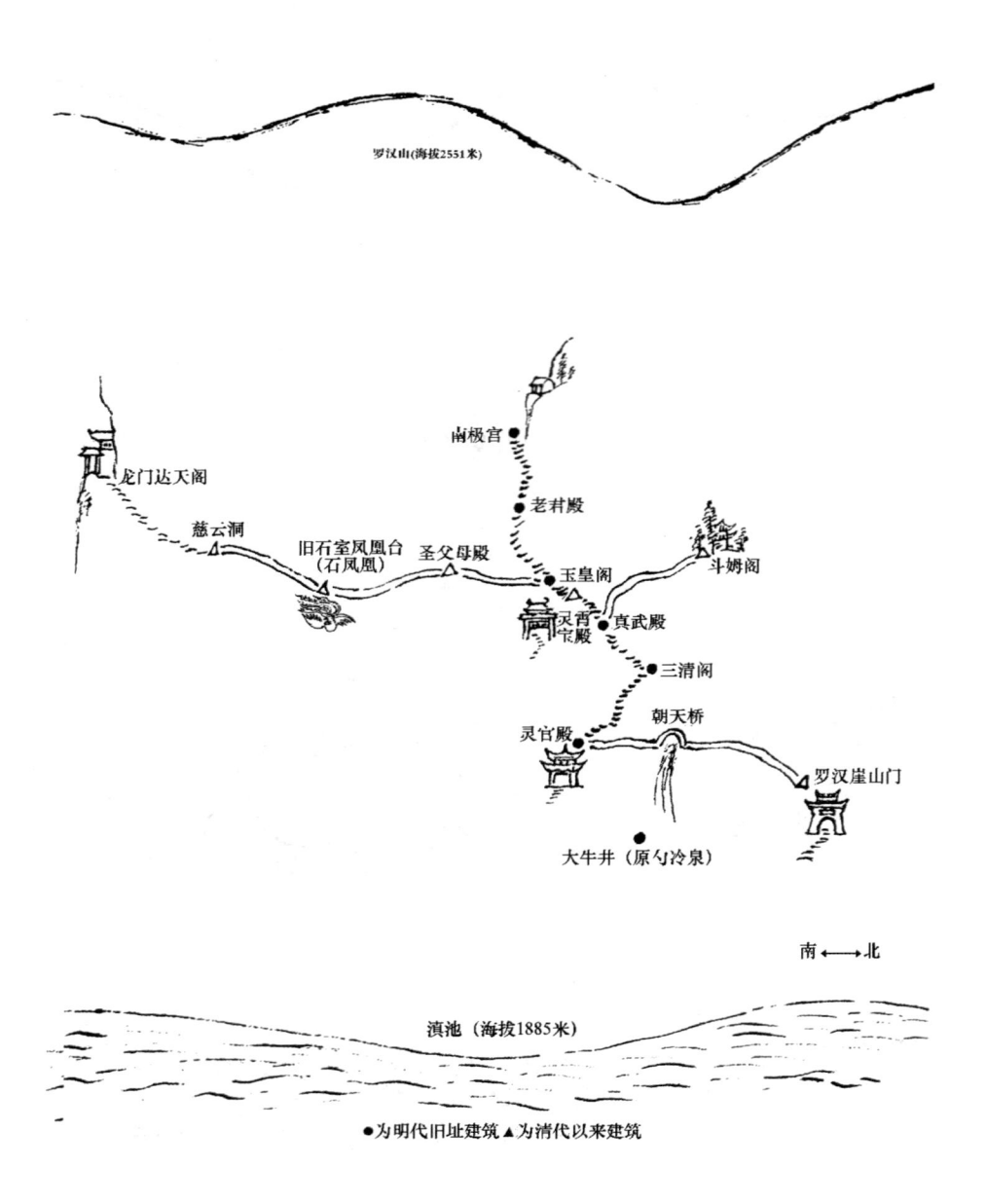

滇池纪事

罗汉山(海拔2551米)

龙门达天阁
慈云洞
旧石室凤凰台（石凤凰）
圣父母殿
南极宫
老君殿
玉皇阁
斗姆阁
灵霄宝殿
真武殿
三清阁
灵官殿
朝天桥
罗汉崖山门
大牛井（原勺冷泉）

南←→北

滇池（海拔1885米）

● 为明代旧址建筑　▲ 为清代以来建筑

清代以来昆明罗汉山（西山）龙门三清阁景观示意图

为何北庵建筑存，南庵建筑毁。曾听山邑村老人言，中华民国时期，大佛殿还有断墙残壁，山上拓石滚落，庙宇残体被完全冲毁，经年累月，寺庙的一些大条石滚落至山下。南庵建筑恰在三清阁龙门石窟的垂直下方，可以想见，在罗汉寺北庵的不断维修翻新中，在旧石室、慈云洞、达天阁石窟两百余年拓展中，处于朝天桥之下的罗汉寺正殿以及南庵建筑，被山上滚石悉数破坏，然后是山民将可用之材就近用于山道的铺设，甚至用于南边煤洞的开发，剩余的房屋基脚，被腐叶垃圾荡平掩埋，无痕无迹。罗汉寺正殿北侧的如意观，应是寺庙原有建筑，其地势错开了龙门与三清阁，房子保留至19世纪下半叶至20世纪初，1853年龙门工程竣工时，如意院住持何玉之还主持立功德碑以记之。

龙门的开拓，使罗汉寺与南庵处于危道。据闻，一些于情场失意落魄寻短见之人，总把龙门虚幻飘渺之场景当作殉情之地，就像中国丽江云杉坪与美国的金门大桥一样。一些于龙门跳崖自杀者的尸体，无人认领的均就地掩埋于此道。偶有不明就里的外地人闯入危道，曾有被崖上的滚石砸死的。在对西山断断续续实地考察的数月中，山顶险峻的小黑龙洞、美女峰下怪石嶙峋的"天灯一盏"，山邑村人都能陪伴我前往，惟独龙门崖下那条上马路，虽经我多次邀请，却无人敢应承，村民说这里阴气重，山上的滚石也极其危险。确实，他们知道真正的危险所在。

南庵之毁还有一个重要原因：道路的改变。明清人们登西山之路均取蜿蜒曲折的山间小道，在那条道路上，罗汉寺南北庵是被兼顾的。试看徐霞客游太华山的路线：他在高峣杨太史祠（今升庵纪念馆）用过饭后，南过一村（今杨家村）乃西南上山（今省委党校后山之小道）共三里，山半得华亭寺。由寺南侧门出（此门仍在使用），循寺西南上，南逾支陇如腋，共二里（太华古道，今已开发）。在途半一里处，俯瞰一寺在下壑，即太平寺（已毁）。又南一里，抵太华寺。遂出南侧门（小道仍在，门已被封），稍南下，循坞西入。又东转一里半，南逾岭。岭自西峰最高处东垂下，有大道直上，为登顶道（今尚存）。

徐霞客并未踏上登顶道，而是于半山腰"东南下""北上""西行"，

145

经过嶙峋石峰、坠土坑、石丛和蹑崖端，二里后，远望南崖上下如蜂房燕窝的罗汉寺南北庵，最后"披石隙稍下，一里，抵北庵，已出文殊岩上，始得正道。由此南下，为罗汉寺正殿；由此南上，为朝天桥"。

徐霞客登西山，在左盘右绕上下曲折攀登十里山道后，目光所及的是罗汉寺的南北庵，道路所及的是南上至朝天桥（北庵），南下至罗汉寺正殿（南庵）。可见当时南北庵在游人眼中无轻重虚实之分，都是登山观景或宗教崇拜的终极目的地。

后来，人们开辟了从高峣至华亭寺的盘山山道，这是20世纪二三十年代的事，再后来，用炸药清出了数里石道，那块令徐霞客盘崖而过，在其旁一览南北庵风景的"蹑崖"也被炸去了。自此，盘山道可从山脚蜿蜒通向朝天桥北端，这应是20世纪四五十年代的事了。盘山道工程很是险峻，沿途又增设了几座高耸的"朝天桥"，一些地方设置了护栏，但人们往森森悬崖处下望，仍有头晕目眩之感。

七八公里山道，人们从一座"朝天桥"走向另一座"朝天桥"，一直走到三清阁龙门，那桥下几十米处曾有过的辉煌黯然失色、销声匿迹了，罗汉寺正殿与南庵都被抛在主干道以下，在游人视野中彻底消失。"用进废退"，北庵建筑随龙门石窟的建成而愈益兴盛，南庵建筑连同梁王避暑台一并被废弃遗忘，这就是明代罗汉山两组建筑的不同命运。我想，这也就是失落的梁王台的秘密。

无独有偶，当我们于历史与民俗之间追寻元代梁王台与明代罗汉寺南庵之际，昆明园林专家石玉顺先生与西山森林公园主任杨立平先生也从《徐霞客游记》中得到启示，在罗汉寺故址一带进行野外文化发掘，挖出了被覆盖的石础、勺冷泉、铆榫、铜钱等遗址遗物，认为昔日的"梵宇仙宫"——雷神殿等殿宇遗址仍明显存在。真是殊途同归，不谋而合。

但是对这一故址的发掘利用，我们对石、杨等先生提出的重建梁王避暑台建筑群却不敢苟同。重建罗汉寺南庵建筑将破坏龙门如临九霄天庭的意境，也使恢复的建筑与游客随时处于山石崩落的不测之中。徐霞

西山龙门千步岩石阶雪景，它始建于明崇祯十三年庚辰秋九月（1640年），监造者为黔国公沐天波，经费来自官、民（官民共建），撰写"罗汉崖修路公德告示"者唐泰，字大来，法名普荷，又名通荷，号担当，今晋宁县晋城上东街人。后落发鸡足山为僧。著名旅行家徐霞客来昆明时，唐泰曾与之同游晋宁海宝山、梁王山等名胜并诗酒唱和

客笔下的罗汉寺北庵与南庵能并列而存，是因为两组建筑群落在悬崖上一纵一横互不相扰，而后来开凿的慈云洞达天阁龙门却是悬在南庵头上的克星，这是始料未及的。

梁王台已有六百余年历史，又是三清阁龙门的开创之作，可在原址立碑以记之。

——考究与揭示人类活动的历史真相是一个漫长的过程，本书初次发表13年后，西山千步岩又有喜人发现，据2017年3月8日《春城晚报》（《云南日报》副刊）披露，西山园林景区管理局于3月6日清理西山旧时石碑，在千步岩古步道中段发现一块扑地石碑，经清理辨认，碑书"罗汉崖修路公德告示"，立碑时间为明崇祯十三年庚寅秋九月。（经

笔者查阅《辞海》1979年版缩印本，明崇祯十三年庚寅年应为庚辰年），即1640年，距今已377年。今人以此获知千步岩古步道石级的初创时间。其时，这些石阶共1007级，千步岩称谓名实相符。

明碑还揭示以下素材：

石碑监制者为明末滇黔重要当政者："黔国公沐老爷""督察院吴老爷""巡按倪老爷"。石碑的撰文者为唐泰。

经发现者园林景区职员彭世毅等测量，石碑长约1.8米、宽约0.8米、厚约0.2米、重约400公斤，字数1000字以上，用料：沙石板。

园林管理局的发现填补了史实的一段缺失。记得21世纪初，笔者考察千步岩古步道起点的山邑村，记录了村民段家鹏口述，谓："1943年由民国政府出资，玉溪人梁槐本承包工程，山邑村石匠段以和等修筑（千步岩石阶路）。"还说"之前是一条山石毛路"，后者说法不确。中华民国时的修筑应是古步道建成三百余年中的一次大的整理修缮，至于青石石阶的来路，似乎应出于西山本土，因山邑村村民在新中国成立前曾以石匠为业，众多石匠在龙门以南的大倒山开采青石石料，山体留存的许多石槽是每户石匠采伐的界线，采石场旁的滇池码头专运石料，称"岸口"，大部分石料通过草海经大观河、篆塘直销昆明。"岸口"距山邑村的"渔户堆"码头水路仅数千米，可说是就地取材。

滇池沧桑

  云南的大湖，真像九霄云上的玉帝在饱蘸仙墨，如行云流水般狂书草体时，忽被朝天门外哮天犬的吠声打扰，他不耐烦地将笔甩了几下，于是，下界的古滇大地就多出了几个晶莹剔透的大湖：滇池、抚仙湖、洱海、泸沽湖……它们的形状如弯弓、葫芦和捣药棒，一个个由北向南仰卧在群山峡谷间。

滇人称此方圆五百里的大湖为"滇池"，即滇人的池塘，气魄之大，可见一斑

滇池纪事

确切地说，云岭大地的大湖，诞生于 6500 万年前的造山运动，从古海漂来的印度板块由南向北与欧亚古陆挤压冲撞，于是喜马拉雅高耸入云，她东边的滇黔古泽，也如拉面般被北向拉扯而起，高黎贡山、怒山、云岭、哀牢山、西山，怒江、澜沧江、金沙江，洱海、滇池、抚仙湖，都是这次伟力的创作。所不同的是，固态的山随正力形成北部高耸密集，南部低缓稀疏；液态的江湖水却随反作用力北部涓细狭长，南部汹涌宽阔。造化的伟力还在进行着。

西山崛起，大佛隐形其间，滇池就像大佛跟前一面硕大的镜子，人间世事尽在其

晋宁将军山上的石将军，山形若操戈介胄的将军。清康熙初年就山势凿刻"大圣毗沙门天王"，即佛教中的多闻天王。像通高5米，宽2.5米，一身武士装，然左踏青龙、右蹬白虎，又是佛道合一的作品

中。云想衣裳花想容，西山因滇池而愈益秀美，大佛因滇池而愈益神灵。滇中大地，人杰地灵。

滇池之名，最早见之于记载的，是战国时期楚将庄蹻开滇，滇国旁"池方三百里，旁平地，肥饶数千里"。后来，西汉于滇国古都晋宁设益州，治滇池县。故滇池之名记载于史已有两千年历史。滇池别称昆泽、滇海、昆海等。上千平方公里（两千年前）的大湖而称之为"池"，足见滇人之洒脱。而"池""海"之并称，也可见滇人对地上之水是见过些世面的。滇池名称之由来，一说是高原上的湖，即巅也。二说是滇国

观音山,远观像一只伸长脖颈的灵龟,上有庙宇观音寺,是滇池西岸另一个宗教膜拜圣地。中华民国时因观音山庙会游客香众拥挤而倾覆一只渡船,死者百人,时任云南省主席的龙云在五华山雷霆震怒,令观音山乡保长将菩萨用土墙封存,庙会因此冷落了几年

的湖,以国命水。三说是颠倒的湖。前两说直白顺理成章,唯第三说经考证颇有意思。滇池纳北山之来水,从邵甸由北至南经盘龙江,奔流数十公里而汇集成湖,又于西侧群山之峡谷的螳螂川奔腾而出,由南向北数十公里后流至金沙江,金沙江在邵甸之北,一进一出是反向的平行线,但两者东西之距却有数十公里之遥。明万历年间进士刘文征所撰的《滇志》中,有清晰的图示。这种倒流之江湖,世上并不多见。如果滇人是以此意命名大湖的,足见其对滇中山川地理之熟识。

滇池海拔1886米,在全国淡水湖中名列第六位,在云南省为最大之湖泊。径流面积2920平方公里,汇聚20多条河流及地下潜流的来水。湖面南北长39公里,东西宽13.5公里,湖岸线长199.5公里,湖面积318.27平方公里,湖水最深处8米,平均深度5米。蓄水量以曾经的测定为15.7亿立方米。由于湖底淤泥的堆积,实际蓄水量肯定少于此数。

据《昆明市志》载:"滇池开发利用历史悠久,它孕育着昆明的成长,使昆明成为云南政治经济的中心,沿岸取水点600多处,灌溉沿湖周围23万亩良田,为100多家厂矿、企业提供生产用水。滇池鱼类平均亩产量处于全国前茅,年总产近万吨,是昆明主要产鱼区,战国时期楚国大将庄蹻率兵入滇,带来造舟修船工匠、操舟驾船水手,开辟滇池航运。清光绪年间滇池有'小火轮'。从此在滇池行驶的机船逐渐发展。

滇池纪事

滇池南岸，月山上郑和的塑像，是参照他的后世子孙形象制作的，有血脉印痕。没准，五百多年前的航海家长得真是这般模样

"滇池湖光山色秀丽，是云南旅游的名胜地区。'没有滇池就没有昆明'。由于滇池地区人口增加，人均水资源占有量不断减少，1949年人均占有710立方米，1980年350立方米，1985年310立方米，1990年300立方米，滇池流域为贫水地区。"

滇池予昆明舟船渔利、饮水灌溉，予滇人陶冶情怀、培植情操、涵养人文。

汤汤滇池，气象万千，登高观水，得其神韵者东有象鼻山，西有罗汉山、观音山，南有鸽子窝、月山，北有大观楼。象鼻山、罗汉山、观音山三处，人们因地理形胜而筑石龙寺、三清阁龙门、观音寺，以山水之美祭祀神祇。鸽子窝是屏障于滇池东南岸的一座山，不及西山之雄险，距滇池北岸有四五十公里之遥，于此登高观之，水势澹澹、一览无余。此山因有神秘之物吸引鸽子留连忘返而得名，从保山、大理、玉溪、西双版纳放飞贵州的信鸽，每每在此迷失方向，它们忘却了使命、偃息了双翅，在山顶啄土石、依崖筑巢，成为野鸽子。

月山南隅，有我国明代大航海家郑和的祖庐，故乡的这一池水开阔了他的胸襟，练就了他的胆魄。明永乐、宣德年间，受皇帝召命，他率领2万多人的庞大船队，7次下西洋，凡28年，到达30多个国家和地区，期间回乡访亲，为其父立了一块石碑，即著名的《马哈只碑》。"哈只"即朝觐者,这是云南回族穆斯林赴麦加朝觐的最早记载,也是研究郑和家世的珍贵碑刻。

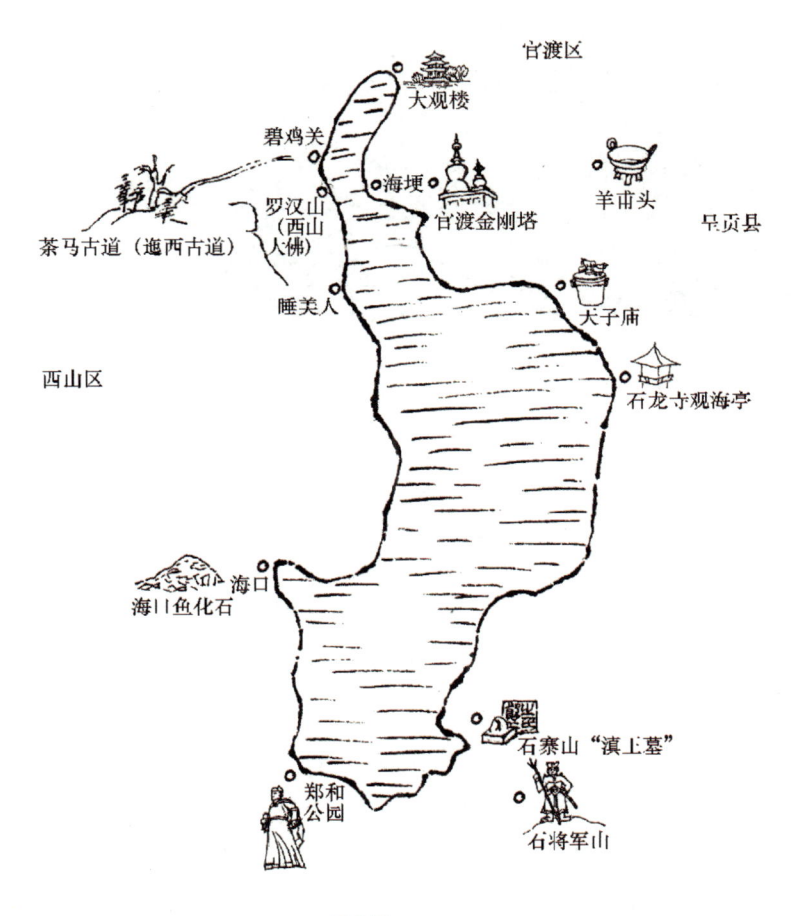

滇池游踪

滇池文化考察略图

滇池纪事

山邑村金线洞。300余年前徐霞客攀陡岩下至洞口,见晶莹之水从三个如酒盅般的石穴中奔涌而出,金线鱼从山洞进进出出,十分忙碌。现在湮水季节有半池浑水,枯水季节只剩几洼臭水

　　大观楼,起于平畴,筑就小楼,是滇池沿岸少有的一处以人文涵养山水的隽永之地,它起于明初沐氏训练水师辟设的花园;继于清初藩王吴三桂拓河运粮,此地成为由草海至篆塘的漕运中转站;兴于康乾盛世,巡抚王继文建涌月亭、澄碧堂、华严阁、催耕馆、观稼堂和后来由咸丰皇帝奕詝御书"拨浪千层"的一座三层方楼——"大观楼"。从此,大观楼就成为滇中文人雅士寄情于山水的忘形之楼,滇池与昆明的知识分子如魂魄相倚再也不能分离。有清代孙髯翁的长联为证:

　　　　五百里滇池,奔来眼底。披襟岸帻,喜茫茫空阔无边!看:东骧神骏,西翥灵仪,北走蜿蜒,南翔缟素。高人韵士,何妨选胜登临,趁蟹屿螺洲,梳裹就风鬟雾鬓;更萍天苇地,点缀些翠羽丹霞。莫辜负:四围香稻,万顷晴沙,九夏芙蓉,三春杨柳。

滇池沧桑

孙髯,字髯翁,乾隆年间随父官宦云南而流寓昆明,其诗作《大观楼长联》180字,洋洋洒洒,脍炙人口,今人寻梦滇池,大抵从其诗作觅取灵感。

　　数千年往事,注到心头。把酒凌虚,叹滚滚英雄谁在?想:汉习楼船,唐标铁柱,宋挥玉斧,元跨革囊。伟烈丰功,费尽移山心力,尽珠帘画栋,卷不及暮雨朝云;便断碣残碑,都付与苍烟落照。只赢得:几杵疏钟,半江渔火,两行秋雁,一枕清霜。

金线洞与金线鱼

山邑村龙王庙北,牛屎坡南,有一个水洞因鱼得名,是为"金线洞"。滇池珍贵鱼种曾将此洞选作繁衍生息的温柔之乡。

1940年,西南联大教授周培源一家在山邑村居住。一次向渔家购得一条少见大号金线鱼,其女儿如枚(左)、如雁(右)持鱼留影,随后将鱼捐给当地中学做了标本(摘自《周培源》,中国科学技术出版社)

金线鱼对生存环境非常敏感,只有极为纯净的山涧清凉泉水,水量不大不小、流速不急不缓,并且清泉洞穴可直通地河的环境,才能被它选作排卵孵化之地。如此苛刻的繁殖条件,在偌大的滇池中,只有两处被其亲睐:西山大佛脚下涌出的这股清泉,无疑是它最理想的产房;另一处就在滇池东南岸的牛恋山下的金线洞。

徐霞客游历昆明西山太华山时,考察过金线洞。他到了罗汉寺后,循山间小道,七拐八折而到海边,只见滇池边渔舟出没于礁石之间,罗

金线洞与金线鱼

汉山南崖，有一些茅屋疏密有致的散布在岸边，从陡峭的山石小道攀援而下，就到了金线洞，只见一股泉水从西山山腹汩汩而出，再细看，水洞外的大石上有三个洞穴，大小就像酒盅，用手轻轻拍击大石，"硁硁"作响，原来中间是空的，但由于巨大的岩石屏障于周围，人是进不去的，清泉就从盅门涌出，分几股注入滇海。海中有一些小鱼溯流而上进入洞中，乡人称其为金线鱼。鱼大小不过四寸，长得肥肥胖胖，从头至尾有一条金线，很好看，这是滇池的珍贵鱼种，味道鲜美。至于金线泉水是否清凉甘甜，当年徐霞客大约口不渴，没有饮用品尝。

昆明五老山脚的黑龙潭黑龙宫，潭水中还有金线鱼存活。此地植被极好，有宋柏唐梅，是昆明坝子北部开发最早的地方之一

金线鱼在滇池生存了不知多少万年，山邑村祖先世世代代与之打交道，摸索出捕捉此鱼的一套方法，每年农历十月土黄天，金线鱼依生物节律来到金线洞，在潺潺泉水中溯流进洞产卵，至翌年五六月雨季，乘地下水涨潮而从地河中涌出，再入滇池。进去时体态丰腴，出来时已显憔悴，被人称为"瘦皮条"。有两户段氏村民祖上在金线洞外掘了七条

水沟，专门在土黄天张开罗网捕捉金线鱼，鱼沟宽约一米，长七十多米。这时的金线鱼已经成熟，极其名贵，无论大小均三文铜钱一条，曾被地方官拿去孝敬皇亲国戚，如梁王、沐英之辈，故称"贡鱼"。民间之人，要先出定金，派人在鱼洞边守候，称之为"私购"。第二年五六月出洞的金线鱼已声价陡降，皮包骨头，放锅中一煮就烂，连做鱼鲊都轮不上，渔民不再捕捞。山邑村人食用金线鱼，除了一般的煮汤、油煎、红焖以外，还有一种吃法不同寻常，他们将鱼放在饭甑子中随米饭一起蒸熟，满锅喷香。

20世纪60年代，金线鱼渐次减少，20余年后竟至绝迹，究其原因，先毁于滇池中人们为清除水葫芦而引进的海狸鼠，又称水獭猫，农民称其为"梢鼠"，此鼠身重两三公斤，尾巴扁平，身体健壮，水性十分了得，捕捉金线鱼很是厉害。次毁于各种动力船的机油与噪声。三毁于生存繁殖洞穴的破坏。终毁于滇池的水质腐败，全面污染。

金线洞的命运与金线鱼一样，20世纪60年代鱼沟被全部填埋，其上盖起房子，成为昆明第三自来水厂的驻地。80年代西山上打深井取水，恰在金线洞泉脉，涌泉也告枯竭，除了雨季地下水充盈时金线洞才比较清洁，其他时候，滇池水从一个排泄洞中倒灌进来，蓝藻泛滥，水葫芦壅塞。过去，泉水是小村村民饮水之源，现在全都使用从西苑打机井抽来的自来水。于是，人们不再关注这个给了金线鱼生命、为滇池输血供氧的神奇洞穴。牛恋山的金线洞也未逃脱毁灭的命运。五十多年前，有的单位为了就那股好水，将员工住房建在近旁。后来又有企业将抽水水管直接插入洞中。现在的金线洞，旁边有老乡的猪圈，还有企业的围墙。只有少许清水溢出岩石。

金线鱼与人一别十几年，杳无音讯，都以为已经灭绝。1999年，隐约听说山邑村金线洞南几里外的响水闸有金线鱼，我将信将疑，未及实地考证。第二年，《春城晚报》披露消息，滇池流域发现金线鱼。这消息着实让春城人高兴了一阵子，众人都有松了一口气的感觉。出于对这个滇池鱼类的关心，我到北郊龙泉观黑龙潭和嵩明白邑乡寻访其踪迹。

金线洞与金线鱼

龙泉观黑龙潭距昆明 10 多公里，距滇池 20 多公里，发现金线鱼的清水潭在黑龙潭公园内，面积约 600 平方米，平均深度 7.5 米。在五老山的圜护下，清风徐徐，碧波荡漾，是一潭好水。在清水潭北侧，有一个浑水潭，面积 2600 平方米，深度 1.5 米。两潭一清一浊相隔仅二三米，中有一沟相通，浑水不犯清水，鱼儿互不往来。个中原因，大约是清水潭水深，有涌泉，是活水。浑水潭水浅，是死水。可见，水的健康与生命同样来自于运动。再往北的山坡上有汉黑水祠，相传西汉时建祠，距今已有近两千年的历史。

五老山上定风塔，是道教的风水塔。塔建于清咸丰二年（1852 年），全部用白云石凿拓垒就，远观如玉笋一般，精巧美观

黑龙潭是滇池北岸最早营建寺庙保护山林的地区，汉黑水祠内有一棵宋柏，植于宋钦宗靖康元年（1126 年）；四棵圆柏、柳杉也有 600 余年历史，这些树中寿星至今仍然郁郁葱葱，胸径粗壮，诚如碑文所言：皆盘根错节，大气撑天。一棵唐梅，植于唐开元元年（713 年），主干已朽，老树上又发了几枝新苗。

黑龙潭植被深厚，水源涵养好，过去地下水极旺，传说潭中黑龙神最灵。金线鱼将此圣水选作家园可能有些年头了。据目击者讲，刚发现此鱼时，它们成群结队，嬉戏玩耍，旁若无人，好不自在。水潭因地势低凹，周围民居企业的污水已有浸洇，曾发生死鱼现象。

在潭边的黑风祠内放置着两只玻璃缸，一只内装一条三四十厘米长的金线鱼标本，就是从清水潭中捞取的死鱼，另一只展养着20多条金线鱼，体形稍小，10多厘米长。旁边有昆明动物研究所对金线鱼所作的科普宣传介绍：

"滇池金线鲅（金线鱼）为云南四大名鱼之一，是滇池流域特有种。头较大，吻略尖，须2对，较发达；背鳍末根不分枝，鳍条有硬刺，后缘具锯齿；鱼体披细鳞，侧体线鳞大于体鳞，在阳光下熠熠闪光而得名"金线鱼"。喜居于与地下溶洞相通的龙潭，以小鱼小虾为主要食物，幼鱼多食浮游生物和丝状藻类。在冬春季繁殖，产卵场多位于溶洞的出水口，源源不断接受微流水的冲刷后，孵出小鱼。

历史上，金线鱼是经济鱼类，但由于环境变迁，水质污染，近20年来在滇池已难觅其踪迹。已于1989年被列为国家二类保护动物，并列入了《中国濒危动物红皮书》。

白邑现为一个乡，归属昆明市嵩明县，旧称邵甸，又名滇源，全乡总面积242平方公里，距昆明城40余公里。滇源之称，意为盘龙江源头。据康熙年间《嵩明县志》载："（邵甸）九十九泉合流，蜿蜒入滇池，可通舟辑。"其中青龙、黑龙二潭，最负盛名，年出水量达1.2亿立方米。白邑黑龙潭在官山下，有寺称黑龙潭寺，这儿泉水充盈，几大股泉水从山脚岩石中涌出。人们因势凿了两个大水潭，一北一南，总面积约500平方米，每昼夜涌泉水2.16万吨。水由北潭至南潭，再流入小河，曲曲折折数公里后汇拢牧羊河水，注入松花坝水库，再流入滇池。

黑龙潭寺是个古寺，颇有来历，原奉道教，后佛道合一，目前有尼姑一人，名崇圆，居士三人。其黑龙宫碑记云：（寺）始建于明朝洪武初年，正德中期建龙王殿，十五年塑龙王佛像和双龙抱柱。

金线洞与金线鱼

白邑黑龙潭古寺，建于明洪武初，已有六百余年历史。潭中涌泉是松花坝水库的重要源泉，与北边的青龙潭都有"滇源"的美称

崇祯十一年（1638年）徐霞客游滇至邵甸县（今嵩明县），于九月二十九到此考察，他笔下的情形是这样的：到了甸头村，顺着村东山脚往南走了一里，看到两个水潭南北并列，中有尺许的堤岸相隔，堤间开了一条水道，水从北潭流注南潭，水潭面积不大，长宽处不及两丈而深不可测，它东倚石崖西近大道，水潭南边供奉着龙王庙。潭中有许多大鱼，皆三四尺长，人们不敢捕捉，认为是庙中神物。潭水于大道之东向南流去，最后汇合从大道南来的甸头之水，注入邵甸河（昆明盘龙江正源）。

白邑属松花坝水源保护区，辖区内严格限制开发，自然环境保护极好，山青水秀，黑龙潭周围大环境与三百多年前徐霞客所见相差不大。这是白邑人民为昆明作出的贡献。

有趣的是，黑龙潭早年住持名字即为：养鱼。

古寺龙王殿还有光绪皇帝御笔"盘江昭佑"匾，匾上九龙吞吐，并刻二龙捧光绪御笔宝印。

滇池纪事

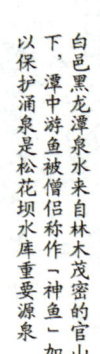

白邑黑龙潭泉水来自林木茂密的官山下，潭中游鱼被僧侣称作「神鱼」加以保护涌泉是松花坝水库重要源泉

佛教爱护生灵万物，自然惠及龙潭的金线鱼。据当天值日的储居士告诉我，按宗教说法，黑龙老爷居住的地方，鱼虾是其部下，谁吃了就会得罪龙王受到报应。他年幼时，国民党的一个连驻扎于此，曾经穷凶极恶地用炸弹炸神鱼食用，连石围栏都炸烂了，不少官兵因此屙血而亡。最近，有动物研究所的人来此索要鱼样用于研究，寺内令其到乡上联络，乡政府同意后派人告之，才准取走10厘米长的两条，可见寺庙管理之严。据鱼类专家考察，水潭内的鱼有八个品种，有云南鳅、虎皮花鱼、金线花鱼、细鳞鱼等约一万多尾。其中数十尾金线鱼每尾有五六十厘米长，两三公斤重，不知生存了多少年代，可称得上鱼王了。这儿的鱼与人关系和谐，人不伤及鱼，鱼也不惧怕人，有时鱼蹦出水池，人们会小心地将它抱回水中。过去滇池中的金线鱼最大只及二三十厘米长，山邑村渔民曾细心观察，它们大多是一年所生，两年的极少，三年生的几乎没有。

金线鱼为寺庙提高了知名度，来游玩的人增多，寺内贴出告示，与游客约法三章保护神鱼，全文如下：

金线洞与金线鱼

香客游客须知：

1. 本龙潭内的金线鱼，属国家级保护鱼类，是供游客观赏的名贵鱼。禁止捕杀垂钓。违者罚款500—1000元，情节严重者送交公安机关处理。

2. 潭内金线鱼不准喂面包、糕点、瓜子、米花、玉米花，干燥而带有油碱性食物。

3. 准喂鱼食：米饭、玉米饭、煮白菜、青包谷和鱼饲料。

4. 爱护环境卫生，不准乱丢果皮、纸屑、烟头，不准在龙潭内放炮竹。违者罚款30—50元。

一个地处偏僻、管理人员极少的寺庙，懂得用国家的法律法规约束香客游人，使头上罩着神光的金线鱼在白邑一隅能继续不受干扰地生存繁衍，令人欣慰。

我询问在那里修建古戏台的剑川匠人张先生，游人对"须知"是否认真遵守。他告诉我，据他所知，没有人敢违反寺庙规矩。望着那张告示栏上的普通红纸和写得不算太规整的文字，我不由生出感慨，在公园和其他保护区张贴的规则可谓不少，但其约束作用显然不及此地，在这里，神灵的造化和威严，使一些平日胆大胡为之人，也会收敛起杀伐之心。

在昆明西北郊的海源寺周围山泉中也有金线鱼出没的踪影。

滇池金线鱼何故会漫游至北郊数十公里外的龙潭泉水，我向山邑村人请教。他们说，地河是相通的，有人曾经往团结乡龙打坝水洞中倒入一簸箕火把果，半个月后，火红色的果实从海源寺泉水和西山响水闸陆续漂出。用同样的方法知道，西山猫猫箐大枯井深洞的水通向灵官洞。

滇池水域存在着一个不为人所知的地下河系，清水、浑水、热水、冷水，纵横交错，各成体系，正是它们，保护了金线鱼免受灭顶之灾，保护了生物多样性，保护了昆明人。

老 龙 河

1971年以前，在草海连接滇池之间，曾有三条河流，由海埂至山邑村分别为老龙河、中龙河、小龙河，其间向滇池张开的口子，分别叫大北口、中北口、小北口。形成的原因可以推测为：过去的草海有铺天盖地的水草，河道只是船桨在水草中犁出的沟，沟旁自然容易堆积沙土、草根、螺壳。山邑村人祖先因势利导，略加修饰，便成这般模样，既可利于渔作又方便摆渡。

老龙河宽至100米，深至10余米，长约10多公里，从海埂草海渔场起溯流而上，向东北至大坝河埂（今西贡码头）公安养鱼塘，它源自大观河。老龙河大北口是滇池航行的主航道，从滇池进入草海前往篆塘的客货船进入大北口后，取略偏西北的航道行至鸭圈地，再折向东北至大观楼后，驶入大观河，东行数公里就到达繁忙的篆塘码头，负重的船只在滇池草海中满拉着风帆，借劲吹的西南风助船行进，一进入大观河，就要借助于船篙子、桨子，甚至纤夫将船送至目的地。

中龙河宽至20余米，深至2米，长约20余米，小龙河宽20余米，深1米，长约20余米。准确的说，这两条河只是滇池与草海间的河槽。

草海是滇池的浅水内湖，大部分水域深仅几米，独老龙河却深至10多米。这条奇怪的河有一个神奇的传说：古时候，海埂住着一个老婆婆，她养了一头顽皮捣蛋的猪，这头猪光吃不长，还喜欢拱猪圈，经常把圈门拱倒，老人用一条铁链将它拴在一个结实的木桩上。有一天，天上的七仙女奉了玉皇大帝之命，到蟠桃园摘桃为王母娘娘准备寿宴。仙桃白

老 龙 河

里透红，香味四溢，一仙女忍受不住诱惑，偷拿一个咬了一口，被旁人发现，慌忙扔掉。这天上之物晃晃悠悠落到下界，被海埂的猪候个正着，它一口吞食了仙果，片刻，猪头上长出了硬硬的尖角，身子变成了龙形，成为一头力大无比的"猪角龙"，它拖着链子蹿入草海，将海埂西侧的湖底拱成一条深深的河槽，这就是老龙河。不知过了多少年，一个小伙子驾舟到草海打鱼，他连撒三网，一无所获，第四网却沉重无比，他费尽力气将网拖入船舱，发现一条金链子挂在网眼上，高兴无比，便拉着链子不断往船上拽，链子一扣一扣拉入舱内，船身一寸一寸往水下沉去。这时，一只美丽的小鸟在上空急切地呼叫："打鱼哥哥心莫厚，拉上一扣斩一扣"，小伙子哪里肯听，他继续拉着，突然，平静的湖水汹涌翻腾起来，船舱里的金链呼啦啦又沉入水底，小船差一点倾覆，只见一道深深的水槽向外海冲去，原来，打鱼小伙拉的是猪角龙身上的链子。被惊动的龙逃到了滇池外海，在昆阳翻过猪拉山，到阳宗海安了家。这个神话故事在滇池周围的官渡、呈贡、晋宁、西山、宜良等县区曾广为流传。

　　从山邑村通往小龙河的路叫老埂，是长草的小径，这条路遇到小龙河、中龙河、老龙河，便像删节符号一样，断断续续，需要渡船才能顺畅连接。草海过去是名副其实的，那是满世界的水草。1900年，法国驻昆明总领事方苏雅曾拍摄过的草海，从大观楼到西山，只有航道像真正的河流，两旁都被垂倒的水草盖满，分不清是草地还是河流。

　　老龙河东边的海埂，过去叫望云岛，六甲乡的老人至今还在沿用这个名称，它原来四面皆水，独悬于滇池草海之中，形成的原因是：东边的盘龙江挟北山泥沙而至，南边的大倒山将西山五彩石倾倒入水，在滇池西南风和高峣风浪影响下，这些小沙石都汇集于此，形成小岛，20世纪20年代，昆明市长庾晋侯首先开发海埂，在此筑路修塘建屋。后来这里便成为有五彩石沙滩的游泳场所。现在的海埂既不是岛也不是埂，而是陆地。元代以来，人们不断疏浚海口，泄洪排水，降低滇池水位。草海滇池，经数万年的沉淀积累，湖底堆积物越来越厚重。

滇池纪事

有五彩石的海埂游泳场，这是四五十年前的风光，也是昆明人永远的记忆与渴望（杨长福 摄）

当它们进入老年期，自身更新能力弱化，露出了太多的破绽被不知适度开发的人们所利用，于是，海埂便成为从北向南伸展过来的陆地的前沿。

草海的沼泽地曾经极有利于水草的生长。山邑村人最熟知的是与他们的生活密切相关的三种水草．一是水韭菜，这种水草叶子扁平而细长，状如食用的韭菜，可以用来喂猪也可以肥田，农民称之为海肥。捞取水韭菜是一件重活，船夫用两根长竹竿插入水草丛中，像绞麻花一样将水草用力绞紧，拖入船舱。小时候，我在江南水乡看到过船夫的操作。每一次卷起大蓬水草，都令壮汉憋足了劲，船儿也加深了吃水，这是有力气人干的活，叫作"罱河泥"。另一种是狗尾巴草，也称海肥，采集的工具是铁制的大钉耙，形状如《西游记》中猪八戒手上的武器，钉耙有七八个齿，每齿尺余长，用绳子拴住，绳子的另一头系在长竹竿上，船夫到了水草密集处，一手握住竹竿，另一手将钉耙远远扔出，铁耙直沉湖底，船上人用力收紧竹竿上的绳子，钉耙将狗尾草连根带泥收拢过来，一钉耙水草够收拾半天。人们将草与海泥混

20世纪80年代的海埂秋景（杨长福 摄）

二〇〇三年春节，海埂，政府投入几十亿元治理污染，滇池水质稍有好转，人鸥相戏

制成草饼，摊在地上，连晒带捂半个月后，就拉去肥田。经海肥沤过的田泥土松软，种出的粮食格外好吃。还有一种是海菜，每年六七月，黄色白色的海菜花满湖开放，村民们插完秧后便急急忙忙地出海捞海菜，将海菜晒干后碾成粉末，储备着做冬饲料。用海菜粉喂养的牲畜毛滑膘壮，比吃粮食的还要好。海菜的菜苔，渔家当美味享用。船民捞取海肥，使草海年年得到疏浚。

草海是鱼类最理想的繁殖场，过去每到鱼汛，山邑村大人小孩便到近旁的河流湖湾打鱼摸虾，水深处用鱼网，水浅处用撮箕鱼篓，鱼多时手摸脚踩都可拿到十几斤。草海不独滇池西北部有，滇池北部、东部及南部的五甲塘、牛恋山、昆阳、海口都有，只是规模没有西北边的大，滇池周围的草海（湿地）少则几十亩，多则几百亩甚至上千亩，上面长着各色水草，对滇池起着净化作用，如滇池的肾脏。

说到老龙河，村民段春林告诉我一段有关曾任云南省主席的龙云与老龙河的因缘。中华民国时期，因权力之争，龙云被胡若愚部所抓，关在大铁笼转至大板桥。在龙云部38军追击下，胡若愚被迫释放龙云。龙云获释后，心有余悸，辗转绕道，从福保渡河过来，问渔人此河的名字，得知叫老龙河，龙云以手加额，连连说，我老龙得活了。龙云殁于1962年，老龙河在20世纪70年代的围湖造田中也告消逝。

水里来的李姓

山邑村的李姓，其祖先是滇池渔家，这些渔家终年生活在船上。这是有篷的高帮小渔船，一家人劳作休息都在其中，白天大人打鱼，孩子玩耍，到晚上船往避风港湾一歇，将船舱内什物挪开，摊开被褥就是床铺。船舱狭小，人常年屈体侧卧，形体弯曲，渔家又被人取笑为"弯柳"。打得的鱼卖出去，就可以给官府上税，买来一家衣食。儿子长大，买只船给其成亲自立门户，女儿嫁给船上人。

滇池渔人代代相传，传到20世纪40年代时有渔家4000多户。

村民李春祥、李春英，名字像兄妹，同姓同字，却是夫妻，两人年龄也相同，71岁，生肖两只羊。

李春英说，她家三代打鱼。她9岁定亲，19岁起名，21岁结婚，36岁（1967年）定居山邑村。那年，政府说，不兴在水上生活，搬到岸上去，你们合（喜欢）在哪儿过就在哪儿住。山邑村好打鱼，就选择了山邑村。以前在滇池生活，打鱼打螺捞海菜，虽然辛苦，日子还过得去。

李春祥说，本村李姓三家，以前在船上以海为家，在这里打鱼机会多，三代以前在山邑村落了户。当时村中大部分人家打石头，少数人家尾随着我家（学打鱼）。

说起过去美丽的滇池、清澈的湖水，两人眷恋不已。我请他们说说渔家生活。

滇池纪事

　　李春英说，草海外边海螺特别多，打海螺，用螺蛳网头平着水底拉，一天打半船一船，少时一二十公斤，多时七八十公斤，就在老龙河外面的滇池中。螺肉清凉败火，立夏起，时兴生吃螺肉，用工具敲掉螺尾，将扦子一转螺肉就掉出来，一人一天可以挖十多公斤螺肉卖。自家整吃，去掉螺尾，脱去项圈（螺蛳盖），将螺肉装入米筲箕中用稻草来回搓，淘清沫子控干水后，放上姜末、芫荽、白醋、酱油拌和，脆生生的十分好吃。滇池中的海螺是黑色的，外壳有刺，个头大，现在观音山的海边还打得着。草海中的田螺是黄色的，外壳光滑，田螺肉软绵绵的不好吃。

滇池曾经最多的水产是海螺。当年渔人用螺丝网头成船捕捞。人们食螺时，螺尾肯定是敲掉的。在水边的古村落，留下的螺壳堆积如山。今天海螺已龟缩于南水一隅，人们仍用祖宗之法剔出螺肉，只是不再凉拌脆生生的螺肉了。

　　每年五至八月间，是捞海菜的日子，邀约着姐姐妹妹，驾着小船划着浆，看到露头在水面的黄色、白色海菜花，用扎着倒钩的竹竿钩住海菜的手爪爪（藤蔓）至船边，伸手入水轻轻一拉，一根长一米七八的海

170

牛恋山下小渔村，所有老屋，都有螺壳垒成的墙，一眼看去，白花花一片，据说又透气又凉爽，还很结实

菜苔就拉出水面。从山邑村到海埂，一早上可捞二三把海菜，每把重二三公斤，拿回家趁新鲜做海菜汤，味美如山珍海味，做海菜鲊（腌制），一年吃到头。吃不完的，拿去街上卖。

说到打渔的艰辛，李春英讲了句谚语：青豆熟，卖鱼人哭。二三月间，昆明的天气一下从冬天跨入夏天，天气炎热鲜鱼卖不出去就捂臭了，这时，有豆就换豆，有麦就换麦。

过去，滇池的浪真大，行船风赶浪，恶浪撑孤舟。渔人为保平安，在后来的草海渔场处建了新庙，这儿原来是草皮滩，还有芦柴，一直都是渔人歇息之地。后来被人占去，老祖就去打官司，打赢了，这是滇池张、李、杨、段等七姓半打渔人的庙。旧社会，十月开海打鱼前要做大香会，由各家凑钱，选出会头，上千人聚在此地拜佛祖，还要请戏班来唱"开关戏"，很是热闹。平时，渔民有红白喜事也要在这儿操办。

滇池是鱼类的家园，妩媚的湖水曾经把鱼儿们浆养得鲜亮美丽，也

滇池纪事

造就了一些不凡的鱼王。清光绪《呈贡县志》载:"道光二十年(1840年)三月二十五日,海水潮高数丈,涌至石龙寺石磴,见一大鱼约五六丈,额有玉顶大如箕,鳞若瓦片,金光讶人。其随从之鱼,左右环护,浮列数顷,鼓浪成雷,二三日始散。至光绪二年(1876年)二月十五日,大鱼复来,其情形与前无异。"

那时,滇池鱼的身价自是不同,在菜市鱼街其价格总要比河塘鱼高出几文。

滇池人曾经以为滇池鱼是拿不尽的,福保细心的渔民发现,夏季鱼儿摆子,滇池边近百米的水草上沾满了鱼子,只要阳光好、风浪小,几天后,这些鱼卵就孵化成鱼苗,游入繁盛的草中。世世代代渔人用祖宗之法自然之态捕鱼,养活滇池渔民数万,营养滇池周围人民数十万,鱼儿确实从不见减少。

过去常见的打渔方法,在深水是撒大眼网,网眼用麻线织成,眼尖精灵的鱼不会上当,小鱼也会漏网而去。在浅水下竹篾笼子、扳罾、放虾网、赶网。由于工具简陋,拿鱼不多,一只小渔船一天就是十多二十公斤。

鱼鹰,学名鸬鹚,俗称水老鸦,是渔民的帮手,一家养十多二十只,福保村曾多至上千只。鱼鹰捕鱼前,渔人要先饿它几顿,否则它会与游

滇池与草海曾盛产"海菜花"渔人采来挽成"髻",卖与城里人,这是一道昆明"名吃":炒肉、烧汤、作鲊皆可

滇池渔人使用麻罩捕鱼，他们谋生不易，但"早上开花，晚上结果，钱要现拿"（渔人语），生活倒也痛快潇洒（昆明市社科院 供稿）

中华民国时期昆明盘龙江得胜桥景象（昆明老照片）

鱼嬉戏玩乐。出海时，它们如战士一般昂着头雄赳赳分站船帮两侧，只待主人发令。我曾在江南河叉湖湾见过鱼鹰捕鱼，当渔家选择一片鱼儿爱栖息的宽阔水面摆开战场时，他首先操起长长的竹篙拍击水面，叭叭的响声将歇息在湖底的鱼儿惊起，于是，水老鸦出动了，它们如飞箭般插入水中，那张尖嘴灵巧有力，总把活蹦乱跳的鱼儿牢牢叉住，举出水面，遇到三四斤重的鱼，几只鱼鹰会齐心协力将鱼拿住。只是聪明的渔人在它们的长脖子上套了扣，使之不能吞食胜利果实。捕鱼之战正酣时，一只只被在长脖中挣扎的鱼儿折腾得难受的鱼鹰纷纷跳上渔船，让主人为它解难，渔翁手忙脚乱急急收取渔人之利，他捉住鱼鹰，往脖根只轻轻一捏，鲜鱼就从鹰口中蹦出，跳入船舱。或者倒提鹰脚，抖动几下，令鱼儿自行坠下。当渔船满载而归时，渔人会犒赏饥饿的鱼鹰，他取下鹰脖子上的扣子，将一些奄奄一息的小杂鱼扔给它们，令其饱餐一顿。滇池鱼鹰捕鱼，想必也是如此操作的。鱼鹰捕鱼，以鱼多水域小为佳，这样，鱼类就难以逃遁。盘龙江内曾有许多溯水而上的游鱼，是鱼鹰捕鱼的理想之地，一些渔民，曾经将战场直摆至盘龙江的源头松华坝下。20世纪五六十年代，渔政部门认为鱼鹰伤鱼过甚，遂禁绝。

还有一种捕鱼方法叫"拾鱼"，又叫罩鱼，滇池鲫鱼有个习性，夜里见光会定住不动，人们利用它的习性于夜间用手电光照射湖边浅水，见到三三两两的鱼如睡着般停歇在水底，这时瞧着哪个就用罩网罩哪个，只要手脚麻利，几乎百发百中。

滇池南岸，昆阳的孩子又有一些特别的捉鱼方法，在兴旺、启东一带，水浅鱼多，湖底是细沙。渔汛时，十几个小孩光身下水躺在草上打滚，水草如滚雪球般堆积起来，游鱼避之不及，被围困于一隅，于是孩子们大展身手，徒手抓鱼，这叫"推塘围鱼"。

南边的草海，平时只是湿地，长满茭草，是鸟的乐园，翠鸟、灰鹤、白鹭、野鸭、大雁在草中觅食求偶，叭叭啾啾，水牛见着眼馋，也会迈着方步徜徉其间。涨水季节，湖水将湿地全部淹没，鱼类乘兴而来。旱季开始，水位下降，湿地显露水面，孩子光身从河滩泥巴地爬入草海，

水里来的李姓

20世纪50年代，滇池边停歇的小渔船上坐着渔民张珍与他的一支捕鱼"团队"——11只训练有素的鱼鹰（鸬鹚），他是海埂周家地村人（又名长竹埂），其时年岁20余，已有"老鸹将军"的美誉（张珍 供稿）

伸手在牛蹄印中摸鱼，一拿一个准。滇池草海，真是孩子们的乐园。

那时的人心善，不贪，遵古训惧报应。大风雨挟洪水将黑鱼冲入自家庭园，人们将鱼捉回滇池放生，因为老人言，别的鱼生儿育女从下面生，黄鳝、乌鱼从嘴里生，吃了罪过。

滇池曾有许多娃娃鱼，个头不大，只有三四十厘米长，身上长着红黑相间的斑，喜好生活在水草间，渔人捞海菜、海草，将其捞起，一出水面，这东西模样丑陋，四脚四手乱抓乱蹬，发出娃娃般哭闹的叫声，人们认为是怪物，既不敢吃也不敢卖，迅即将其扔回水中。

晋宁牛恋山旁小渔村，72岁的李老汉，目光炯炯，精神矍铄，说自己是鱼儿养大，一辈子恐怕吃了几十吨鱼，上顿吃下顿吃、顿顿吃总也吃不厌。回忆儿时抓24公斤的花鲢鱼被鱼弄下水。回忆年轻时与母亲驾舟在浪中追赶水獭猫，硬把这个水中精怪追得上气不接下气，手到擒来，换了三斗米。回忆草海中的"老对鸭子"，在山上树林抱蛋孵出后代，在双翅上一边驮一个鸭娃，飞入水边，将雏儿放在隐秘处，公鸭赶来会见伴侣儿女唯恐暴露目标，凫水而行。如此机灵的"老对鸭"，在孵化后代时，被割草之人无意中掀翻了鸟窝，母鸭被弄个四脚朝天却如呆傻般不飞不跑，被人连鸭带蛋一窝打尽。动物的母爱竟至如此，令老人叹息不已。

滇池是昆明人的天堂乐园，是母亲，她与昆明人有肌肤之亲，有养育之恩。

滇池曾经火红的渔业，只有到回忆中去寻找。
《放花笼》——滇池农民画（罗丽珍　画）

鱼儿的减少始于四五十年前。先是捕鱼工具的改进，尼龙细网取代了麻线网，那细如发丝的透明罗网在滇池水域张口以待，鱼儿们只要进入，无一幸免。拖网渔船代替了小渔船，柴油马达机器动力取代了人工手划；1969年使用三帆风拖网，一对对大船兜起大网，从滇池南北来回拖，专捕油鱼，一天捕二三十吨。福保八对船，晋宁六七对，十年内油鱼几近绝迹。1970年使用了如迷魂阵似的三层挂网，大中小鱼类一网打尽。

1980年又发明朝天笼。花样不断翻新。

与此同时，滇池盆地北部大量增加了城市人口，生活污水从明通河、盘龙江、大观河、梁家河条条水道汇入滇池，工业废水、洗矿的富含化学物质的残水从四方流向滇池。人们还尽可能截流本该流入滇池的"矿泉水""纯净水""温泉"。

2002年，难觅鱼儿身影的船家

1999年在马拉松湖拍摄的鸟影，水草死亡了，鱼儿也死亡了。昆明的发展同时发展出了一串串的污染和死亡记忆，你还记得一段时间到，海湖的水气昂然，鱼儿在现

滇池纪事

巍巍松华坝是1958年后的产物。原来的水坝仅数十平方米，用许多30公分见方的枋木蓄排来自白邑的泉水。下有锁水桥、漫水坡，库水如闪光的布匹漫流而下，抢水的细鳞鱼时不时蹦跳起来，有人在下面张网以待

　　有灵性有生命的滇池终于耐不住了，死亡先从她活泼的子民开始。20世纪80年代的一天，许多死鱼被风浪冲刷到滇池西北岸，沿岸水面一片狼籍，仅山邑村在滇池的网箱养鱼就死了一百多万公斤。在后来的日子里，鱼类不断以死亡来逃离滇池：汪丝、黑鱼、金线鱼、大马鱼、肉花鱼、油鱼、桂花鱼、娃娃鱼、螃蟹、歪歪（蛤）整族整族的鱼蚌灭绝了，剩下一些耐污耐毒的鱼类有鲫鱼、鲤鱼、银鱼、草鱼、花鲢、白鲢。少数渔人仍在渔汛时捕捉，然而在昆明街头，卖鱼人再不敢自豪地亮相它们真实的产地，只说是嵩明、寻甸云云。

　　之后，海菜、韭菜草、牛尾巴狗尾巴草都相继死去了。

　　最后，就应该是水中"神物"——人们传说中腾云驾雾、翻江倒海的龙的逃亡。山不在高，有仙则名；水不在深，有龙则灵。滇池水域，

人们供奉的大大小小龙神不下数十尊,有白龙、黑龙、蓝龙、黄龙、青龙、热龙、冷龙、旱龙、姑娘龙、土锅龙、母猪龙、猪角龙,甚至还有一条癞龙。在滇池北、东、南岸渔业兴旺之地几乎村村供奉龙王,这些龙神曾经在滇池呼风唤雨,与渔民同喜同悲,活得多么传神和精彩。

现在,人们还在过龙神的节日,但无法想象龙神如何生活在污浊的滇池中,它们已经没有了叱咤风云的舞台,龙神更多是古老的回忆和甜蜜的梦想。

大湖边上的屯垦

滇池盆地南北平均长 80 公里，东西宽 14 公里，总面积 1120 平方公里。两千多年前，几乎都被滇池水和沼泽地覆盖，五华山、祖遍山、商山只是露出水面的一个个孤岛。古滇国、益州郡择城于晋宁、昆阳丘陵地带，谷昌城选址于官渡呈贡黑土凹、羊甫头高地。考古发现，秦汉以前滇池周围人类文化堆积层集中在湖盆东部与南部的山地丘陵。期间滇池盆地北域水源盈涸进退，然而，总不能在此建立城池。直至 765 年春，南诏王阁罗凤命长子凤迦异在押池（昆明）筑拓东城，改称鄯阐府；808 年，寻阁劝以鄯阐为东京（陪都），太和（大理）为西京；826 年，建立鄯阐王宫。829 年，在鄯阐建东寺塔，塔高 115 尺，建西寺塔，塔高 80 尺；又建妙应寺并塔。1040 年，大理国王段素兴在东京四处建筑宫室并筑春登、云津二堤。由此可见，昆明城池在滇池湖盆开始立足是在一千两百年前的事。

元代以后，滇池在人力的干预下加快了后退的步伐。以昆明城廓的方位而言，元时，昆明城北抵五华山南至东西寺塔，玉带河是护城河。董家湾、伿家湾、螺蛳湾、潘家湾等地名标明了滇池水的浩大，昆明城的局促，当时城池约九平方里。明时，城廓北移，南城墙退至近日公园附近，北城墙扩至圆通山顶，大约是避让一时北侵的水势。清时城廓承继明制。

20世纪30年代的滇池海口，5个农民在车水，远处的10孔大桥，是控水石闸，称海口闸，又称"屡丰闸"。自元代起，人们就在此处作疏浚滇池的文章。石闸建于清道光十六年（1836年），三座石闸将500里滇池牢牢守住，海口因之称"滇池锁匙"。的中河上有7孔闸，北河上有4孔闸。（段臣昇 供稿）

20世纪末的海口闸

滇池纪事

昆明城曾是一座名副其实的水城，大绿水河、小绿水河、洗马河、通济河、玉带河、明通河、菜海子等河流湖泊穿插于道路屋宇之间。民居的前门，大街小巷车马往来市井熙攘；民居的后门，舟船穿梭濯水洗衣扳罾摸虾。此等景观一直延续到20世纪四五十年代。70年代初，昆明人还在盘龙江里捉鱼摸歪歪（昆明土话，指河蚌），在玉带河汲水扳罾。至今，在金碧路省人民医院后侧几近干涸的玉带河旁，还依稀可辨当年水城的模样。

滇池与昆明城池就这样你来我往、你进我退胶着了数百年。至元十一年（1274年），赛典赤·赡思丁任云南平章政事（相当于今天的省长），云南正式成为华夏的一个行省，昆明是中庆路即省城，从那时起，屯田种粮就成了云南蓄兵养政的要务，成了衡量地方官员政绩官声的主要标准，成为记载云南和省城历史的重要内容。至元二十六年（1289年），元王朝设立云南屯田以备军储。延祐二年（1315年），立乌蒙军屯，置总管万户府，隶云南行省。并调四川军二千人，云南军三千人，共五千人，田一千二百五十顷，并充乌蒙军屯。在首立云南屯田后十年，即大德三年（1299年），云南行省统计：岁入粮数二十七万七千七百一十九石。可见屯田之功效。

一闸控万顷，现在的滇池如得了血液病的人，湖水近于死亡，已没有多少可以流走，这是滇池污染的重要原因之一

赛典赤·赡思丁上任两年后，就作陂池（台地蓄水池）以备水旱，

筑松华坝于城东北，又修南坝闸于城南盘龙江，并分盘龙江水入金汁河，修建宝象、马料、海源、银汁连同盘龙江、金汁等六河，均用闸座蓄池，灌溉万顷。他还派劝农使张立道开挖海口河，命三子忽辛凿开石龙坝，使滇池水流入螳螂川，降低水位，谋取良田。赛典赤将这篇兴修水利屯田种粮的经济文章勾勒得提纲挈领，纲举目张，以至七百余年来，人们只是在这篇文章上丰富充实，锦上添花。20世纪70年代，在金汁河上游河堤，仍在使用着大大小小的涵洞与水闸，只是因着松华坝水源的金贵，水库只在农民栽秧与插秧季节放两次水。涵洞一律用结实的方石砌成，水闸有铁木两制。其中有一个大涵洞连着三个大小不等的灌溉沟渠，渠首均有石槽，有活动的木制闸镶嵌其间，可以根据需要和约定随时控制水流与水量。有一个涵洞叫过街涵洞，是在金汁河的一侧开挖沟渠，将水引向一旁的秧田，再借地势于另一

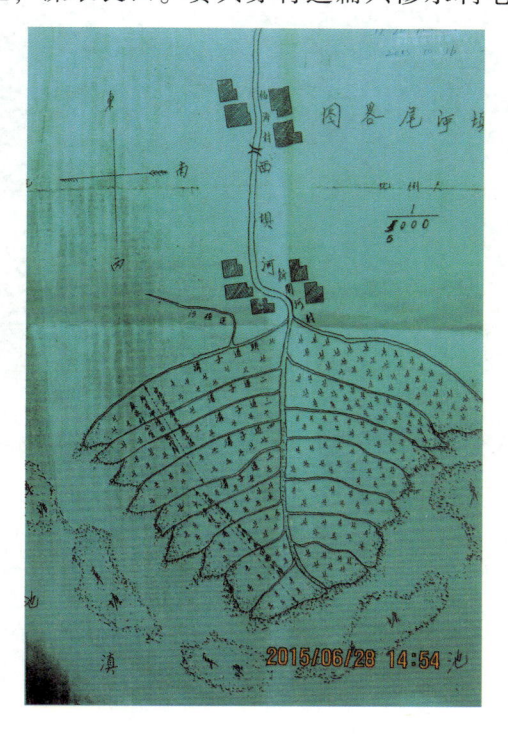

1943年，云南省水利局推广西坝河尾造田经验而作的绘图。图中新开河村即西坝村。其图示为：若能于海边各处河口，加以有计划之整理工程，则整个草海均可逐渐淤积而成田亩

处将此沟往回深挖，使之穿行于金汁河河底，引水灌溉另一侧地势更低的水田，这叫地河。在桃园村有燕尾闸，是将村后随季节而发的山水，引入金汁河底开挖的下穿河道，以免冲毁河堤。还有流沙桥，是在金汁河上横架水槽，将山上的泥沙水空渡至河的另一边，以免淤塞河床。这些纵横交错的立体沟渠，是人们依据滇中复杂的山势地形而设计的，或用于灌溉，或用于排洪护堤，它们的机巧形变是可以与川中平原的都江

昆明北郊金刀营，工地土方4米以下，是黏稠而黝黑的湖泥。刘家营、瓦窑村、岗头村到处都是这样

滇池东南部的马料河，是滇池灌溉的水系之一，其上的锁龙桥，建于清咸丰元年。旁有宝乐庵，庵内碑文记载，是桥建成，乡民热烈庆祝，开桥唱戏，一切共用去银钱75660文

堰媲美的。在与松华坝毗连的司家营、龙头街、麦地村、棕皮营、瓦窑村，曾经竖立着水利碑与水规碑，上面镌刻着各村于农耕节令渠水紧缺时，对水资源分配的种种规定。据乡民说，极有权威，人们世世遵守，少有违反。

昆明东北郊、在松华坝水库西侧的马家庵村，静卧着一座朴素的保存完好的赛典赤墓葬；昆明城南，在历来为官府通衢大道的正义路口，耸立着一座与金马碧鸡两坊鼎足而立的忠爱牌坊，是明代洪武年间为纪念赛典赤抚滇功绩而建的。这一墓一坊既是对这位忠君爱民政绩卓著的云南平章政事赛典赤·赡思丁的无言纪念，也是对滇中水利屯垦是关乎国计民生要务的告白。

在滇池地区，人们向滇池要水源用作灌溉，要土地用作粮田宅基。

滇池且拒且退，至公元20世纪70年代后，她终于让出了大半个湖盆，从域地一千多平方公里龟缩至三百平方公里，水位下降了约六米多。在她让出的地盘上，昆明从村落至乡镇至城市，人口从成百至上千竟至于今日的数百万。

在盘龙江小人桥过去称作大河埂处，在金龙饭店的地基内，在官渡古镇的金刚塔下，人们于造屋修路重整古建筑中，发现下面是堆积数米的螺蛳壳。在昆明北市区金刀营、刘家营的建筑工地上，深挖四米以下是黝黑而粘稠的湖泥。在龙头街、麦地村，古民居的干打垒泥墙，是泥沙与当地称之为水滑石的鹅卵石。在临近松华坝一公里多的瓦窑村，人们挖深井时挖出了大堆的河泥。这些都是滇池水域曾经到达的佐证。滇池厚德于昆明。

昆明人屯垦于大湖边，多采用军屯或民屯。军屯于关隘哨卡处设置数户或十数户铺兵，以卫戍为主，耕种为辅，世代继承。

民屯于水源沃土间，依可耕田地之大小设数户至数十户民众，依阡陌沟渠而耕作，也杂以官差。如呈贡县倪家营的宝乐庵，它建于乾隆五十九年（1794年），重修于道光二十五年（1845年）。庵内立有一块"应办夫马合同碑记"的石碑，讲的就是呈贡县北门的大冲、倪家营、

填海之泥石来自滇池西岸的山，碧鸡山也被蚕食了一大片。图中，人们像接龙一样从船上将石块传递至工地（昆明市社科院 供稿）

"围海造田"形成的3公里长，底宽30米，堤高6米的大堤

草海，过去是美丽的湖泊，现在已变为水田、鱼塘以及水葫芦养殖地

呈贡牛恋山旁美丽的鱼圹鸭池，过去是草海，它们也是"围湖造田"的产物

昔日的渔池，现在长莲藕

张旗营三村的住民应负责的官差：每逢从迆南道北上的临元、普洱、开化三镇的公干，从云南府南下的四司六道再加学院的官差，两者过往的一切往来公务以及住宿，押送人犯的临时枷锁（看守）等事项，均由三村按户数的多寡均摊办理，"世代永远遵循，不得推诿更张"。碑记立于道光三十年（1850年）冬月二十，当时，大冲有人户55户，倪家营有人户49户，张旗营有人户42户。

屯垦以营、铺、关、卫、塘建制。营如三合营、豆腐营、大树大营、中营、后营、麻线营、王旗营等；铺如土桥铺、高山铺、黑林铺、板桥铺等；关如碧鸡关、金马关、石虎关等；此外还有哨卡的哨戍，驿站的驿堡。明代曾设"三司""六卫"，史料记载当时昆明与云南府六卫的职田官民田数为：左卫8730亩，右卫7311亩，中卫6507亩，前卫5371亩，后卫4276亩，广南卫6833亩。卫戍屯田已具相当规模。

屯垦的兵民员，大量来自于战争、戍边及政权更迭而带来的移民，有将士、文官、罪徒、能工巧匠和举家迁移的百姓。史载：公元前286年，楚将庄蹻率2万精兵入滇，屯于滇池南部；750—754年唐与南诏三次天宝大战，南诏全歼中原及巴蜀士兵38万，其实大部分士兵被俘获后充作劳力；829—874年，南诏四次掳掠四川能工巧匠健壮劳力10多万人入滇；1253年，蒙古忽必烈率10万大军奔袭苍洱，灭大理国；明沐英率30万大军入滇，战后就地戍边屯垦。后来，明末南明小朝廷永历帝朱由榔由张献忠余部护驾逃亡昆明，吴三桂率清兵追讨至滇灭之。在"三藩之乱"中清康熙皇帝又派兵灭吴三桂……每次兵燹都使百姓颠沛流离，经济受到破坏，然而每次离乱也促成中原与西南地区的大交流，使云南屯民得到补充，之后社会经济有更大发展。

元明两朝屯田，以明朝规模更大、更集中，史载：洪武十七年（1384年），移中土大姓以实云南，这是明军平云南三年后的事。民间流传，呈贡吴、王、郑、段、杨、张等姓氏大都是屯兵之后裔，他们代代相传随沐英充军而来，于1342年，在应天府（南京）高石坎杨柳湾誓师，举家迁移，这个"充军"其实是随军。史载沐英灭梁王似乎在顷刻之间，但民间传说沐英率兵马与元军的征战却是"漫征关坡十八年"（关坡，即呈贡上龙潭山）。

大湖边上的的屯垦，人们必然要大作水的文章。历史上，围湖造田，大多采用旱季水位低时，于湖岸狭窄处建堤，再蚕食之。明代，昆明西山人、兵部尚书付宗龙率人在草海间修筑了一条长堤。当时是为了便于行路，堤坝从马街夏家窑、土堆沿鱼刺河埂直至潘家湾，徐霞客曾行走此道，看到两旁水势漫漫、风景秀丽，与杭州西湖相仿。数百年之后，堤坝两岸变成稻田鱼塘村庄道路。20世纪50年代，有心人走访此道时还在土堆看到许多五面石镶嵌于道，这是当年河堤码头的印痕。

1969年12月，昆明人最后一次大规模的围湖造田是极为明火执仗、急功近利的。

据《昆明百年》载："1969年12月，省、市革委决定，以围湖造田为突破口，实现农业大跃进。口号是'移山填海，围海造田，战天斗地，向滇池要粮'。沿滇池的官渡、西山、呈贡、晋宁等县区开始规模不等的围湖造田。市郊的'围湖造田'在滇池内湖东南，动员全市机关、企业、部队、学校、农民、城镇居民10余万人参加，投工1138万个，筑成长3公里、底宽30米、堤高6米的大堤，抽水千万方，从西山取土石数百万方，耗资千余万元（不包括劳动力的抽调），历时8个月，围湖面积3万亩，造田6300亩。"

其后一段时间内，沿湖农民得到上级通知，湖水退到哪里堤就筑到哪里。人们步步紧逼，滇池步步退让。

20年后，滇池生态系统崩溃。又10年，政府先后投入治理滇池费用达数十亿元，滇池水质有所改善。治理滇池，征途漫漫。

大湖上鼓荡而行的船队

两千两百余年前，滇中水域就有木船航行。从晋宁石寨山和江川李家山墓葬出土的铜鼓和储贝器上可以看到，大湖上有龙舟竞渡。一只船上，两排人奋力划桨，其他船紧随其后你追我赶。湖上还有祭祀船，船中央有个祭祀台；有海船，船尾跟着海龟；有战船，船上士兵拿着兵器；有渔船，其上有鱼和长喙水鸟（鸬鹚）。

广南出土的古滇国铜鼓上的乘船图案，划手头戴羽毛冠饰，一人执杖指挥，一人鼓盆而歌，船尾操舵者的弓形身姿，令人感觉船在全速前进。这古滇画师竟有现代人的气质

公元前122年，汉武帝得到从西域大夏（今阿富汗）归来的张骞禀报，川滇有暗道直通身毒国（古印度），蜀地的布匹、筇竹杖就是由此

大湖上鼓荡而行的船队

道辗转而入大夏的。汉武帝即派出四路特使十余批官兵前往西南夷"指求身毒国",这些特使各行一二千里后,被阻隔在氐、筰、嶲、昆明等地,一些汉族官员被杀。于是汉武帝下令在长安掘"昆明池",造楼船、训练水师,据此可以推测,汉使者在古滇遇到了水军的阻拦。

元代,诗人王升看到了昆明云津桥头护城河边,许许多多的船只像成群的蜜蜂、成队的蚂蚁停泊于此。

从古物典籍里,世人可以隐约看到滇池大湖上船队鼓荡不息的形影。

数十年前,在现代运输工具——汽车来到滇池以前,这里最好的交通运输工具是马帮与船队。滇池水域广阔,船运发达,从北部有了城市起,逐渐形成了东、西、南三条航线。东线由篆塘、盘龙江、西坝河可渡船到呈贡县安江村码头,行程40余里,又30里抵晋宁。西线,从篆塘至高峣再至海口,行程80余里,又10里抵晋宁。南线,由篆塘抵昆阳、晋宁、海口的镇海阁、河泊所、西瓜嘴、团山等码头,行程70余里。这是三条主航道。

公元前109年,汉武帝赐滇王金印。其时,西南夷有部落、氏族乃至国家上百,只有夜郎与滇国得到王印,其中滇国并不大,却最得宠爱。1956年,"滇王之印"从晋宁石塞山滇王墓中挖掘出来,让这段历史大白于天下

滇池曾水网密布,码头遍设。仅西山就有高峣渡、杨家村渡、山邑村渡、晖湾渡、西华渡、杨林港渡、观音山渡等七八个古渡口。

191

80余年前的昆明，一只大船刚拢篆塘码头，簇拥的人群中，着草鞋的农夫手不离旱烟杆，妇女提着包袱，小孩攀越鸡笼，还有一位穿绣花鞋的少妇坐在货物上，大约在等待来迎接的亲人。远处是土基房和农家的草垛，两幢平顶楼房立在天边（昆明市社科院　供稿）

90余年前的小西门码头，穿长衫的男子携儿正欲乘舟，是游滇池还是耍西山（段臣昇　供稿）

大湖上鼓荡而行的船队

元代，昆明成为中书行省后，中央对云南的布政设防、经济运行都要在这里进行，中心城市的聚合辐射功能日益加强，城市人口增加，规模扩大，对交通运输的需求也日益增强。城市需要的粮食、盐巴、食糖、燃料、建材、土特产品，各州县乡村需要的洋纱、川烟、纸金、小五金、日用百货，都需要贸易往来、互通有无。滇池南岸的晋宁、昆阳、海口是昆明沟通滇南、滇西和域外东南亚、南亚各国的枢纽，水陆联运的桥梁。滇池水运，以南线航运最为发达。从迤南、迤西（另一路走西山碧鸡关）长途跋涉而来的马帮，将驮来的货物卖给贸易商或交给货主的委托方，再驮上所需之物，折头回南。发达的水运将昆明的部分城市功能转移至此。

昆阳小东门是个极热闹的码头，七八十年前，这里有食馆六家，客马店转运店九家，其中李姓三家、杨姓一家、景姓一家、宋姓一家、袁姓一家、蔡姓一家、任姓一家，他们成年累月与马帮船家打交道，用客栈、马店、堆店（货栈），将陆运与水运连接起来。

马帮从玉溪、通海、景洪、思茅次第赶来，有几个"帮口"。"帮口"的意思是指搭帮而行的一个马帮，在马帮内，马锅头是老板，他自己有二三十匹或三四十匹马，其他马主有几匹或仅一匹马，"逗凑"（即拼凑）到马锅头处，由他招来帮手脚夫护卫，统一调度管理，半年一年或一个收获季节后分红利。马帮是云南最早的有股份性质的群众经济组合。马帮有三十多匹一帮的，五六十匹一帮的，通海来的马帮较大，有一百余匹一帮的，最大的是每年秋天从普洱赶来的驮茶叶的马帮，有两百多匹马。一个五六十匹马的马帮配备二三十人，内部的分工是由一人吆一把马（五匹），其他人有巡路的护卫的和前后照应的。马帮长途跋涉，昼行夜宿，遇店歇店，无店在山上野外露宿叫"开亮"，在滇南也称"开稍""歇稍"。云南山多坝子少，马帮一连几天行进在崇山峻岭中是常事，赶马帮不仅要吃苦耐劳，还要掌握一套在野外生存的本领。"开亮"之地，必须选择在有饮用水的山泉附近，地势开阔，以免受到强盗的伏击。人们解下马驮子，给马饮水，添上精饲料，让马啃食野草，

滇池纪事

一些人拾来柴禾，燃起火塘，烧水做饭。大家围着火塘吃饭取暖，燃着火堆入睡，以防蛇虫虎豹的袭击。人睡在驮子下面，地上铺以树枝茅草，将随身带着的皮毡当作铺盖，马也有一份皮毡披在身上以抵挡风雨寒湿。到了码头，只能说拢，不能说到，这是忌"倒"的谐音。马帮常年在外风餐露宿，期盼平安顺利，用语都择吉语。吃饭也有规矩，夹菜从外到里，从近到远，不准倒着来。骡马长期与人相伴，也有了人性，早上出发，驮马好似瞌睡未醒迈不开步子，需要赶马人不断吆喝，傍晚却疾行起来，令脚夫追赶不上，原来早上它是慵懒，傍晚却是为了早点到达住宿地以便休息吃料。

马匹是畜力，是生产工具，驮载货物的马帮一经出发，驮马身上就维系了千百家货主的期盼。马锅头马脚夫的喜怒哀乐、兴衰盛亡，也全指望着这些不会说话的脚力了，这时，人与马是相依为命的伙伴。人们不遗余力地用喜庆吉祥之物来装扮自己的马帮：头马特别健壮，额上佩着照妖的小圆镜，脖上挂着铃铛，身披五彩璎珞，驮子上插着三角小旗，如"张""王""岳"等，以表明马帮归属。二马叫"追马"，后几匹马的装扮依次越来越简单，但脖子上都挂着大小不等的铃铛，行走中数里开外就听到叮当声，告知回避的、驱邪的、惊蛇虫的、解闷的、壮声色的功能都有了。

马帮内还有一种动物是狗，一路上，狗瞻前顾后，来回奔跑，随时提防强人或虎豹的袭击，一遇到危险，总是奋不顾身冲在前面，是马帮不可或缺的成员。在通京大道上就发生过一个义犬护主的故事。讲的是两个粗心的弟兄赶着驮马进城办货，半途，一直跟随的狗走丢了，两人不以为意。待在昆明转悠了十多天后，才发现装银两的包裹不见了，买卖也做不成了。两人垂头丧气地往回走，到了一个小山坡，发现他们的狗卧在草丛中，已经死去多日。弟兄俩直叹此途的命运多舛，决定把狗埋了再走，一挪动狗尸，下面赫然就是装银两的包裹。他们目瞪口呆，赶紧打开布包，银两一文不少。两人流着泪将狗下葬，还立了碑。这个立着狗碑的坟就在两面寺后山的山坡上。类似的故事在滇西腾冲也有流传。

大马帮里还会养一只猴,猴子俗称"弼马瘟",滇人又称为"避马瘟"。它对马匹的瘟病还真有鉴别与防护能力,凡患上瘟病的马匹,鼻中会散发恶臭,猴子对此特别敏感,必作龇牙之状,并发哮咻之声。马锅头就根据猴子的表现来清除害群之马和挑选干净的马店歇息。

昆阳小东门一日最多时有两百多匹马及几十人住店歇夜。马店楼上住人,楼下歇马,店家供人食宿,供马草料,精饲料却要由马主自带。马帮住店一般只歇一夜,第二天一早就开拔,一人一马的费用大约是滇币几角钱。

马帮的大小是由运输的货物决定的,滇南大宗商品是茶叶、大米与大锡。大锡主要外销,茶叶销往藏区和国外,大米主要销至昆明,故晋宁昆阳许多商家做大米生意。昆阳小东门做米生意的店家不少于四五十家,秋收以后,每逢街子天,米老板敞开大门收购,几十个"捐客"或就地零星收购少量大米,或从海口收购蚕豆、苞谷、菜子、荞麦、花白豆等杂粮,运到玉溪对倒大米。另有四五十个劳力,一人吆一匹马,被人称为"短搬",为店家倒腾,运距不长,仅几十至百余米。

转运店是马帮与船家、买家与卖家之间重要的环节,以昆阳李丙文家的转运店为例,他们经营货主由玉溪驮来的货,过秤记账后交由船家代为转运,米老板在昆明验收签单,再交运下来的货物,随货附有货单,李家按票据接收验货后结账,再移交至南归的马帮,从中获取劳务手续费,船家则收取运输费。其时,昆明一些大商号在云南专州都开设分号,商品的买卖在总号与分号间以划账、统一结算的方式进行。清咸丰、同治、光绪年间,弥勒虹溪十八寨的王炽就是这样由小到大发起家来,进而开办钱庄,全盛时商号遍布中国大城市,以个人实力和影响是可以与当时山西晋商比一比的。腾冲李家的"永茂和"商行经营对缅甸的对外贸易,进口棉花,出口棉纱与生丝,在昆明至西昌的干线开设丝厂和生丝收购站,每年出口生丝达2000担,商号、转运店开办到腊戍、八莫、曼德勒、仰光、葛伦堡,生意勤勉信誉好,抗日战争时期,中国银行作后盾,为其办理出口押汇(外贸信贷)业务。其他如永昌祥、庆正裕、茂恒等公司商号经营滇缅贸易，都是当时名重一时的。

民国年间，晋宁县有大小木船301只，大船号称"昆阳大船"，载重少至10吨多至20多吨，大多航行于昆阳、海口至昆明之间。载重六七吨的叫"六成船"，走昆阳至海口、呈贡的短路。为保护安全、降低成本、加强管理、提高竞争力，1937年前后，昆阳下堡的兴旺、储英等村与小东门一些船家在小东门码头组织了一个船家的民间组织，名"昆阳船业民船公帮"，加入"公帮"的船主以大船入股，共54只。"公帮"根据船只的质量折算入股的价值，由当地人称景司令的景汝松等人管理，年末以股份分红。由于公帮有秩序有信用，船只装载量大装备好，大宗货物及常年生意大多由公帮船只运输，因而被称为"热帮"，其他私人船只装备不及公帮如散兵游勇，难以匹敌，只能运载热帮装运不及或不愿承接的零散货物，叫作"冷帮"，冷帮船只数量大，仅中和乡就有36只。

晋宁河泊所码头在滇池东南岸，历史较昆阳小东门码头更为悠久，曾兼有官府军用码头的性质。

每逢二、七州街，四、九新街街期的下午六时，各口岸载重十多、二十多吨的大木船，运载着大米、肥猪、粉丝、草席等物品驶往昆明小西门外篆塘码头，浩浩荡荡，颇为壮观。滇池的风向奇特，一年三百六十五天，却有三百天左右刮的是从南亚次大陆和孟加拉湾、印度洋吹来的南风或西南风，由昆阳海口至昆明大多是顺风，船队鼓起风帆借力而行，第二天一早就拢昆明（船家规矩，同样只能说"拢"，不能说"到"），偶然遭遇逆风，船只收篷息桅，16个水手齐心协力划桨使篙。水手中有些人叫"跟船的"，是从兴旺来的劳力，由本村委托人管伙食，为其稍带些小货，船家不再付给工资，省了一些日常人员的开支，这是一种换工。遇到大风浪，船队会就近到西山白鱼口、观音山、晖湾避风，待风平浪静后再行，航程会因此耽搁两三天都说不准。这时，昆明城内部分地区的米价、肉价都会联带上涨。船队抵达昆明，再逢一、三、六、八日下午五时左右由昆明驶返晋宁、昆阳各口岸，运回棉纱、布匹、食盐、煤油等物资。

呈贡象鼻山石龙寺下的码头

昆明六甲乡过去码头，现在还是"昆阳"河边的公路。河边的楼房是公社驻地的旧船民船公社。船夫过去没人管。

昆阳：大船在滇池鼓荡而行（杨长福 摄）

滇池纪事

还有一种快船，配备一张帆，24把桨，载客三四十人，可以确保第二天抵达昆明。这种船只上有人击打节拍，以便桨手整齐划一地操作，使船只在凝聚于瞬间的爆发力下飞梭般前行。有趣的是，两千余年前，滇人就已经用此方法行船了。从广南出土的铜鼓图案中可以看到：一只如龙舟般两头上翘的乘船中，四人划桨，一人掌舵，中间还有两人，其中一人挥舞着指挥棒，另一人在击打着节拍。

墩子村运工分石、沙石、毛石的短途船，用滑席做的席子篷作帆，船上配备一张篷、一把大桨、一张舵、四个篙子，五人使一个船，其中一人掌舵，四人撑篙子，可装运七八吨货，但一人当两人使，很是辛苦。

昆明景星街花鸟市场，卖鲜花与"首饰加工"的两店，过去是茶马店"庆昌号""亨荣工"，背后的景星小学，曾是"太傅坊"

当时，滇池客运还有三只新式轮船，用蒸汽、机械作动力，其中两只名"昆湖"与"福海"。据李丙文老人回忆，1938年农历二月初十，"福海号"在花猫嘴（白鱼口）附近失事沉没。当时昆阳有庙会叫"花椒会"，每年都要请昆明滇戏班子来唱五天戏以壮声色，那天渡船上有戏班演员，听说渡船沉没，昆明戏班许多家属失声痛哭，民间因此流传：淹死多少东洋头，哭死多少花大姐。因为许多演员赶新潮，剪西式发型，人称"东洋头"。但实际是，当天走了两只船，戏班子人马乘坐的是另一只船，两船相距不远，当"福海号"遇险，另一只满载乘客的船疾驰就近的海口，将客人下完后再赶到白鱼口，"福海号"已经沉没，只救出了三人，死亡一百二十多人，死者大都是从普洱背茶来的茶农。花猫嘴附近有个凶险的落水洞，据李老人言，花猫嘴其实是"慌忙走"的意思。在滇池周遭的方言中，这两组词的发音是相近的。后来，我在晋宁县与云南省档案馆的馆藏地图上分别见到，"花猫嘴"果然就是"慌忙走"。

昆明城市美景之一：东风广场旁、盘龙江边的震庄宾馆

"福海号"沉没后，政府为预防危险，规定了出航船只非新造不可，滇池航运一度一落千丈。一年后，经省政府同意，由"济海"

199

"西山""昆湖"等轮船公司出资，请法国造船专家高阑来滇检查轮船质量，验证合格后，准其航运，滇池船只管理才有所松动，航运逐渐恢复。

　　但凡有财物运行的地方，就有劫财的，滇池水运也不例外。中华民国十三年（1924），昆阳储英、兴旺村的民船在"海累"被海盗乘小船抢劫并将船主杀死。中华民国十七年（1928年），"昆玉号"轮船被贼抢劫。多次抢劫均发生在草海及西山龙王庙附近，因这里水浅近山，匪徒得手后便于逃遁。昆明县遂制定了《防止昆池内盗匪办法》，在大观楼设置水上警署部队，于西山附近组织民团，对船只编号定组，进行船籍登记，并且要求各船舶公司和地方民船组织工会，结帮行驶。其时，昆明共有船帮工会十个。

　　1932年开始修筑昆明至玉溪的沙石公路，小东门码头家家出钱出工，1936年通车后，驮马变成了马车。20世纪50年代，"昆阳船业民船公帮"船只并入晋宁供销社，后来又并入运输站。随着公路运输的发达，60年代后，马帮、转运店、昆阳船业民船公邦及私家船只纷纷歇业，滇池绵延两千余年的船运遂告终结。

善待滇池

如果，昆明坝子没有了南边的一湖水；如果，滇池湖盆1120平方公里的土地上从来不曾有过大湖，那就是云南人称的旱坝子（缺水的山间盆地），如果这样，这儿就不会有昆明大城，不会有自元代以来六百余年的云南府治，当年的中庆路会仍择址大理或另选他处，昆明的历史乃至云南的历史就会改写。

然而，滇池忠诚的陪伴了昆明人世世代代，用她的鲜鱼河虾海菜养人，用她的仙女般飘逸流彩的湖水怡人，用她的宽阔胸膛载人，用她纵横交错的河流山泉滋润大地，给昆明人以五谷杂粮蔬菜水果时鲜，然后虫豸奔走、鸣禽飞翔、鲜花盛开、河山壮美，昆明遂成春城。

春城昆明是以滇池的鲜亮清纯美丽为前提的，没有滇池，就没有春城。

20世纪70年代以后，昆明经济发展的代价是滇池的污染。20年后，当人们警觉时，滇池已沉疴日深，此后政府虽有数十亿元的投入，终因昆明城人口基数庞大，滇池难以承载而成效不大。

有机体的健康成长在于吐故纳新，即排出二氧化碳与废物，纳入氧气与营养，有机体才能保证正常的新陈代谢。滇池是负载许许多多生命体的生态系统，她也需要吐故纳新，然而，她正在进行的新陈代谢不是吐故纳新，而是相反。滇池汇集方圆2000平方公里的来水，她的北部有大观河、梁家河、西坝河、盘龙江、明通河、宝象河、金汁河、白沙河；东部有马料河、洛龙河、梁王河；南部有大河、柴河、东大河等主要河

滇池纪事

流。曾经，这 20 多条河流挟山地深谷龙潭的碧水清流涌入滇池，带来富含氧气的生命之水。现在，北部经过人口密集区的梁家河、盘龙江、西坝河几乎断流，明通河成为市区排泄污物的通道。东部与南部的河流，有的因上游筑坝拦水修筑水库而流量减少，有的因流经粮食蔬菜耕作区域，农药残余物的浸润而污染。明渠如此，暗河又怎样。

滇池西岸是连绵的崇山峻岭，大山对滇池同样有丰厚的馈赠：冷热泉水或明或暗注入滇池，常年流淌的山泉有 20 余条之多。仅山邑村前后数公里的山脚湖岸，就有许多出水洞。村北莲花池的水由山旁洞中涌出，这是热水洞，鲇鱼喜好在此抢水，乡人称其为鲇鱼洞。奇怪的是这股热水的主流如潜龙般隐匿湖底，1000 多米后从草海东边崭露头角，天热时不易觉察，每到冷天，热水洞之上的湖面热气腾腾。有个浑名"大鱼老鸦"的渔人，水性极好，专爱潜入这个水下 3 米多深的洞穴摸鱼，此洞叫海排洞，他在洞中腾挪翻转，将一条条五六公斤重的大鲤鱼捉出水面。一般渔人捕捞的鲤鱼仅有两三公斤，他手捉的却有二倍大，身手极如水老鸦，浑名由此得来。海排洞前后左右密布着海菜根蔓，等闲之辈哪敢

昆明城市美景之二：世博园，"人与自然和谐发展"是其主题

潜入。为防止迷失在柔密的水草中，他在停泊的渔船旁插上一根竹竿，逮到鱼后顺竹竿而上。此洞于围海造田时被阻塞，人们在附近修筑长堤，成船倾倒的乱石将海排洞填埋。

西苑旁有冷水洞，这是大白鱼嬉戏抢水的地方，鱼汛时，村人于傍晚支下三道箍的大号鱼篓花篮，天明时能收获七八公斤鲜鱼。

村中金线洞，是金线鱼繁殖之地，清凉甘甜水曾经终年流淌不息。

村南双石门处有洞穴，因叫花子常穴居于此，乡人称其为花子洞。一股热水从洞侧涌入滇池，直泻一二公里之遥，是乌鱼抢水的地方。

小倒山的灵官洞又是冷水洞，是白鱼与金线鱼抢水之地。旁边的响水闸水势大水位高，鱼类不得而入，只能远远地望洞兴叹。

这些地下冷热水泉，随着西山与昆明城大量开采地下水资源而渐次减少，十之八九已经枯竭断流。金线洞、灵官洞、莲花池、海排洞已经成为一个个徒有其名的美丽名字。

西山大佛顶部，临空欲飞的临虚阁

与此同时，从 1990 年起，每天却有多达 60 万吨的工业和生活污水倾入滇池。

水源枯竭再加深度污染，滇池安能不腐？以滇池的代谢能力，她如何能承受现代大都市的沉重压力。

拯救滇池，路途漫漫。我穿市井，访民户，跋山涉水，日夜兼程，在滇池周围一次次寻觅。当我背负着古滇千年沧桑又一次走向大佛，不禁感慨万千。山在变，水在变，人也在变，唯有大佛不变，他随地老天荒而来，与地老天荒同在。他那慈悲明亮而不知疲倦的双眼，带着绵绵的忧思，不断地审视着沧海桑田，人间世态。

参考文献

1. （明）刘文征撰，古永继校点，王云、尤中审订：《滇志》，云南教育出版社出版。
2. （明）徐弘祖著，朱惠荣校注：《徐霞客游记校注》，云南人民出版社出版。
3. （清）倪蜕辑，李埏校点：《滇云历年传》，云南大学出版社出版。
4. 昆明市政协文史学习委员会编：《抗战时期文化名人在昆明》（二），云南人民出版社出版。
5. 《昆明市志》第九分册，昆明市地方志编纂委员会编，人民出版社出版。
6. 《山茶·人文地理杂志》2000年第2期。
7. 段鼎周著：《白子国探源》，云南民族出版社出版。
8. 郭鑫锥著：《云南名胜楹联大观》，云南大学出版社出版。
9. 海蒂、肖桐编著：《昆明晚清绝照》，中国文联出版社出版。
10. 海口镇地方志办公室编纂：《海口镇志》。
11. 何新著：《危机与反思》，国际文化出版公司出版。
12. 昆明市官渡区民间文学集成办公室编：《官渡区·故事卷》。
13. 昆明市官渡区人民政府编：《官渡区政府志》，云南民族出版社出版。
14. 昆明市社会科学院编：《昆明百年》，云南人民出版社出版。
15. 昆明市西山区地方志编纂委员会编撰：《西山区志》，中华书局出版。
16. 李玉祥编：《老房子·云南民居》，江苏美术出版社出版。

17. 谢本书著：《龙云传》，四川民族出版社出版。
18. 余嘉华主编：《云南风物志》，云南教育出版社出版。
19. 云南纺织厂《厂志》。
20. 云南省呈贡县志编纂委员会编：《呈贡县志》，山西人民出版社出版。
21. 中共嵩明县委宣传部　中共嵩明县白邑乡党委　嵩明县白邑乡人民政府编：《盘江之源》。

后　　记

本书说山水说人神，其实说的是自然与人。人与自然是何关系，是"人定胜天"的对垒？非也。人与自然，有如中国古老文化的易经太极图中那对阴阳之鱼，他们互依互偎，和谐共存，缺一不可，即所谓"天人合一"。人是宇宙的组成部分，如同天地、山水、动物、植物是宇宙的组成部分一样。人来自泥土，归之泥土，如何能以天地宇宙的主宰自居，践踏蹂躏万物呢？污染的滇池，分明是"上天"对人的警告。

笔者以发现的新景点——西山大佛为出发点，采用人类学的田野调查方法，以山邑村段、杨氏曾经的移民村落为基地，数年中，踏访了滇池的山山水水和许多村落城镇，访谈了段春茂、段家鹏、李茂年、张宗亮等数十位村老和专家学者，笔录了数十万字的随访，向滇池人学习，从中得到大量第一手资料。同时，认真研读前人与今人关于古滇文化的丰富记载，从今古对照中发现河山变迁，感受民俗改易，认识了灿烂的滇池文明的一角。

我们先后拜访了云南大学李埏先生、朱惠荣教授、李昆生教授、张榮副教授、中山大学邓启耀教授、云南省社会科学院石高峰副研究员、云南省文史馆馆员李瑞先生，从中获得许多教益。承蒙云南人民出版社社长、总编辑胡廷武先生提出了很好的建议并给予出版支持，朱惠荣教授、邓启耀教授分别作序，石高峰副研究员提出了宝贵的修改意见。

感谢山邑村父老乡亲和滇池周遭的朋友们。

特别感谢李菊梅女士,她牺牲了休息时间为本书作了大量烦琐细致的誊印工作。

钱凤娟

2003 年 4 月 20 日

再版后记

  《滇池纪事》《消失的阡陌》《识记撒梅》三部专著出版后，受到读者欢迎，令作者倍受鼓励。之后，在昆明近远郊又作数年田野追踪，采集大量珍贵素材，创作第四本著作《逝去的海弯柳 马帮》。友人建议，将这四部作品组合出版，作者以为此见甚好，便有了以上三部书的再版。

  作者对再版书籍部分内容作了删减，又增加若干篇章。如，吸纳西山森林公园管理局于2017年3月6日在清理西山龙门古步道时发现的"罗汉山修路公德告示"古碑成果。碑文指石阶共1007级，立碑时间为明崇祯十三年庚寅（1640年）秋九月，经作者核实此年应为庚辰年。千步崖石阶路距今已存在380年。石碑填补了前人因史料缺失而造成的模糊。

  再有，《识记撒梅》原著章节："土基墙背后的岁月 昆明东郊撒梅人"，阿拉村彝族老人称"阿拉村接纳了半个中国的人才"。此话透露两个信息：在该村居住的外来人汉族不少；彝汉人等相处和谐。他们是如何做到的，为弄清原委，作者对这个在彝乡很有影响的彝汉混居老村又作了近半年的调研。经过个别访谈、街坊座谈、向村委会寻求相关资料数据，揭示土著与汉族移民同住一座山（白虎山山坡）、同饮一股水（宝象河），在近百年的包容与冲撞中"和而不同"，其物质基础是一方务农（土著）、一方经商（汉族移民），各取所需，互通有无。这是个很有价值的个案。为此，再版书于"撒梅与昆明"段增加了数千字的章节："阿拉村的另一半"，即汉族移民在彝族阿拉的生存状态。

至于《消失的阡陌》，在大城市的快速发展中，原书所涉及的省坝数十移民老村在书籍出版后不足10年，便变身为城市社区，农耕要素荡然无存。作者心有不甘，对一些极有价值的题材又作专题调研，所获成果在《逝去的海弯柳 马帮》都有列陈。新版书6个专题中，"记昆明道士张宗亮"篇有对道教在近现代昆明的沉浮遭际陈述，更重要的是一块古碑透露了旧时人们对滇池水系有效的管理方法。颠沛流离的张宗亮16岁跟随师父流落至白邑黑龙潭黑龙宫，这里是滇池重要水源地，道观职责是管理与保护滇池水源地，宫观内存有一块刻于大清嘉庆九年（1804年），大修黑龙宫功德碑，碑刻透露，黑龙宫向昆明县沿河一带地方自三家树小河以至春登里金汁河尾募化资金，18村作出响应（村名一一列名）。200年前的此碑揭示了古人对水系维护的全局观与系统论意识——与现代人相去不远，但招式不同，它托庇的是神：敬神的随心功德，其原则是自愿，因出资的18村只占区域的部分。

又如"松华坝上坝村———一个水火淬炼的移民老村"一文，为昆明坝从事稻作的移民村增添了一个新品种：屯戍水利兼制窑货。

再如"马帮与昆明"一文揭示昆明地区农村的"逗凑马帮"曾密切参与城市商品交流，为老昆明农耕文化扩充了新视野。

最后还要提到，新著对《滇池纪事》也作了大篇幅的拓展，数万字的"海弯柳"对原书较薄弱的渔民、渔业添加了厚重一笔。

感谢助我采集资料的同志与乡亲，他们是原官渡区金马镇人大主任严昌福，原呈贡县文化局干部艾如茂、李志明。山邑村段臣昇、段家芝，青龙村毕明，上坝村范品祥、王珍凤夫妇，阿拉村李存、鲁忠美夫妇，大麻苴村张坤、张普珍叔侄，庄稼塘村张洪启。

特别感谢师长、友人的大力协助，他们为全书写了精彩的"序跋"文稿，令作品增色良多。

他们是：

朱惠荣，云南大学教授，著名历史地理学家。

何明，云南大学民族研究院原院长、教授、著名人类学民族学家。

邓启耀，中山大学教授，著名人类学民族学家。

王文光，云南大学研究生院原院长、教授、著名民族历史学家。

拉木·嘎土萨（石高峰），摩梭人，云南省社会科学院民族文学研究所所长、研究员，著名民族文化学者。

李菊梅，云南大学艺术与设计学院党委书记。

本套书集还得到我先生，云南大学原党委书记、教授，中国回族学会会长高发元的指导和帮助。同时，还要感谢我们的一双儿女，他们在大学毕业后，高岚带着弟弟钱均奔赴东瀛，边求学边打工，自立异域，令我得以全身心投入创作。

感谢云南大学刘从水博士为落实出版事宜所付出的辛劳。

感谢云南大学民族学一流学科建设规划项目出版资助。

钱凤娟

2021 年 10 月 1 日

于昆明北辰小区寓所